中高级汉语选修课教材

轻松汉语正音课本

Easy Way to the Correct Chinese Pronunciation

刘　影　编著

冯　玥　翻译

北京语言大学出版社

(京)新登字 157 号

图书在版编目(CIP)数据

轻松汉语正音课本/刘影编著;冯玥译.
—北京:北京语言大学出版社,2004 重印
中高级汉语选修课教材
ISBN 7-5619-1246-3

Ⅰ. 轻…
Ⅱ. ①刘… ②冯…
Ⅲ. 汉语－正音法－对外汉语教学－教材
Ⅳ. H195.4

中国版本图书馆 CIP 数据核字(2003)第 069216 号

书　　　名:轻松汉语正音课本
责 任 印 制:乔学军

出 版 发 行:北京语言大学出版社
社　　　址:北京市海淀区学院路 15 号　邮政编码 100083
网　　　址:http://www.blcup.com
发行部电话:82303648　82303591
E-mail:fxb@blcu.edu.cn
印　　　刷:北京北林印刷厂
经　　　销:全国新华书店

版　　　次:2003 年 12 月第 1 版　2004 年 9 月第 2 次印刷
开　　　本:787 毫米×1092 毫米　1/16　印张:5.75
字　　　数:60 千字　印数:3000－8000 册
书　　　号:ISBN 7-5619-1246-3/H·03072
　　　　　　2003 DW 0035
定　　　价:12.00 元

凡有印装质量问题本社负责调换,电话 82303590。

编写说明

语音是留学生学习汉语时的一个重点，同时也是一个难点。

现在通用的汉语教材一般将集中学习语音的时间限制在两个星期到一个月左右，这样的语音教学既无法让教师辨析与修正留学生的发音错误，也不能使留学生全面地了解汉语的发音规则，充分地进行语音训练。编者在长期的教学过程中对以上现象深有感触，因此结合自己进行语音教学的实际经验和对于对外汉语语音教学的一些新思考，编写出了这样一本汉语语音教材。

这本语音教材的内容特点包括：

1. 针对现有教材中语音教学的内容过于简单笼统的现象，本书以简洁的方式系统地介绍了留学生语音学习中最应该掌握的、实用性最强的发音规则。

2. 针对以往教学中语音辨正随意而零散的现象，本书着重对大量容易混淆的语音进行详细的辨析，对常见发音错误进行系统的纠正。

3. 针对一般语音教学只求发音标准的现象，本书增加了各种特定情境下的语音语调训练，力求让学生说汉语时将标准的发音与适宜的情绪完美结合。

4. 本书以科学、实用、趣味为编写原则，编排了生动有趣的练习内容，如：绕口令、小故事、诗歌等等；设计了灵活丰富的练习样式，如：选择、辨别、模仿、表演等等，期待能够有效扭转语音教学给人的枯燥乏味、机械重复的印象。

本书适合于已经完成了一学期以上的汉语学习的留学生作为选

修课教材使用，也可以作为留学生的自学教材。本书的初稿曾多次作为南京师范大学国际文化教育学院留学生的语音课（每周一次，每次 80 分钟）教材使用，选修的学生从短期生到四年级本科生都有，在实际教学过程中深受学生的重视和欢迎。

  此外，本书在编写过程中，得到了鹿士义老师的指导和帮助，同时，北京语言大学出版社王飙先生也给予了鼓励和支持，在此表示诚挚的感谢。本书的翻译，要感谢好友冯玥的相助。

编 者

目 录

第一课　"你很棒"还是"你很胖"？——声母(一) ………… 1
　　　　■ 送气音和不送气音　■ 清音和浊音

第二课　"四十四只石狮子"——声母(二) ……………… 7
　　　　■ 卷舌音和平舌音的分辨

第三课　"墙装窗，窗装墙"——声母(三) ……………… 12
　　　　■ 舌间后音 zh、ch、sh，舌间前音 z、c、s
　　　　　和舌面音 j、q、x 的分辨

第四课　"你老是打扰，让人很烦恼！"——声母(四) …… 18
　　　　■ 浊擦音 r 与边音 l 的分辨　■ 鼻音 n 与边音 l 的分辨

第五课　"哥、伯、叔、姨买大鱼"——韵母(一) ………… 24
　　　　■ 单韵母的发音辨正

第六课　"风吹灰堆灰乱飞"——韵母(二) ……………… 30
　　　　■ 复韵母的发音辨正

第七课　"板凳宽来扁担长"——韵母(三) ……………… 34
　　　　■ 鼻韵母的发音辨正

第八课　"这么办！"还是"这么笨！"——韵母(四) ……… 40
　　　　■ 鼻韵母的宽复合与窄复合比较

第九课　"妈、麻、马、骂"——声调(一) ………………… 45
　　　　■ 声调基础

第十课　"妞妞扭牛头"——声调(二) …………………… 50
　　　　■ 声调训练

I

第十一课 "一心一意；不大不小"——变调（一） …………………… 54
  ■ "一"的变调 ■ "不"的变调

第十二课 "理想美好"——变调（二） ………………………………… 60
  ■ 第三声的变调 ■ 其他变调情况

第十三课 "爸爸买了一个橘子"——轻声 ………………………………… 65

第十四课 "没门"和"没门儿"——儿化音 ……………………………… 70

第十五课 "他不知道谁知道？"——语调 ………………………………… 74

◆ 参考答案 ……………………………………………………………………… 80

CONTENTS

Lesson 1 "Nǐ hěn bàng" or "Nǐ hěn pàng"?
——Initials (1) ·· 1
- Aspirated Initials and Unaspirated Initials
- Voiceless Initials and Voiced Initials

Lesson 2 "Sìshísì zhī shí shīzi"
——Initials (2) ·· 7
- Distinction between Retroflexions and Tongue-flattened Initials

Lesson 3 "Qiáng zhuāng chuāng, chuāng zhuāng qiáng"
——Initials (3) ·· 12
- Distinction between Post-alveolar Affricates zh, ch, sh, Frontal-alveolar Affricates z, c, s, and Palatal Fricates j, q, x

Lesson 4 "Nǐ lǎo shì dǎrǎo, ràng rén hěn fánnǎo!"
——Initials (4) ·· 18
- Distinction between Voiced Fricative Consonant r and Lateral Consonant l
- Distinction between Alveolar Nasal Consonant n and Lateral Consonant l

Lesson 5 "Gē, bó, shū, yí mǎi dà yú"
——Finals (1) ·· 24
- Pronunciation Differentiation of Simple Finals

Lesson 6 "Fēng chuī huīduī huī luàn fēi"
——Finals (2) ·· 30
- Pronunciation Differentiation of Compound Finals

Lesson 7 "Bǎndeng kuān lái biǎndan cháng"
——Finals (3) ·· 34
- Pronunciation Differentiation of Nasal Finals

Lesson 8 "Zhème bàn!" or "Zhème bèn!"
　　　　　——**Finals（4）** ··· 40
　　■ Comparison between Wide Nasals and Narrow Nasals

Lesson 9 "Mā, má, mǎ, mà"
　　　　　——**Tones（1）** ·· 45
　　■ The Basic Knowledge of Tones

Lesson 10 "Niūniu niǔ niútóu"
　　　　　——**Tones（2）** ·· 50
　　■ Intonation Exercises

Lesson 11 "Yì xīn yí yì; bú dà bù xiǎo"
　　　　　——**Modulation（1）** ·· 54
　　■ Modulations of "yī"　　■ Modulations of "bù"

Lesson 12 "Lǐxiǎng měihǎo"
　　　　　——**Modulation（2）** ·· 60
　　■ Modulations of the Third Tone　　■ Other Cases of Modulation

Lesson 13 "Bàba mǎile yí ge júzi"
　　　　　——**The Neutral Tone** ·· 65

Lesson 14 "Méi mén" and "Méi ménr"
　　　　　——**The Retroflex Finals** ······································ 70

Lesson 15 "Tā bù zhīdào shuí zhīdào"
　　　　　——**Intonation** ·· 74

Key to the Exercises ·· 80

第一课

声　母（一）

声　母（一） Initials (1)

■ 送气音和不送气音 Aspirated Initials and Unaspirated Initials
■ 清音和浊音 Voiceless Initials and Voiced

一、诊断测试　　Diagnostic test

1. 陪伴 péibàn—杯盘 bēipán
2. 幕府 mùfǔ—父母 fùmǔ
3. 态度 tàidu—歹徒 dǎitú
4. 凯歌 kǎigē—改革 gǎigé
5. 横幅 héngfú—风户 fēnghù
6. 逆流 nìliú—犁牛 líniú
7. 机器 jīqì—奇迹 qíjì
8. 京戏 jīngxì—星际 xīngjì
9. 先期 xiānqī—牵系 qiānxì
10. 真诚 zhēnchéng—城镇 chéngzhèn
11. 知识 zhīshi—失职 shīzhí
12. 长生 chángshēng—上乘 shàngchéng
13. 字词 zìcí—刺字 cì zì
14. 自私 zìsī—私自 sīzì
15. 色彩 sècǎi—侧腮 cèsāi

二、介绍　　Introduction

1. 声母　Initials

声母指音节中元音前头的那部分，大多是音节开头的辅音。比如在"家 jiā"

这个音节里，辅音 j 就是它的声母；有的音节不以辅音开头，习惯上叫作"零声母"，比如"恩 ēn"。

An initial refers to the part before the vowels in a syllable and is mostly the beginning consonant. Take the syllable "家 jiā" as an example. The consonant "j" is the initial. There are also syllables not beginning with a consonant, which are usually called "zero-initial", like "恩 ēn".

声母和辅音不能完全等同，比如"康 kāng"中的"ng"只作韵尾，不作声母；"南 nán"中的两个辅音 n，在音节开头的 n 是声母，在音节末尾的 n 是韵尾。

Initials are not identical to consonants. For example, "ng" in the syllable "康 kāng" can only be used as the end of the final, not as the initial. In the syllable "南 nán", the first consonant "n" is the initial, while the second "n" is the end of the final.

2. 看气流的强弱，可以把声母分为送气音和不送气音

Initials can be classified into the aspirated and the unaspirated ones according to the strength of voiced air.

送气音：口腔发出的气流较强，用力呼出，有 p、t、k、q、ch、c 等六个。

不送气音：口腔发出的气流比较弱，自然呼出，有 b、d、g、j、zh、z 等六个。

Aspirated initials: The air is forced out with much strength. They are p, t, k, q, ch and c.

Unaspirated initials: The air is released naturally without using extra strength. They are b, d, g, j, zh and z.

3. 看声带是否颤动，可以把声母分为清音和浊音

Initials fall into the voiceless and voiced ones in the light of the vibration of the vocal cords.

b	p	m	f	d	t	g	k	h
l	j	q	x	zh	ch	sh	z	c	s	r

分辨方法：把手放在喉结外部，如果在发音时能感觉到声带振动，这个音就是浊音。

The method to distinguish between the two categories: Put one hand on the outside of the larynx. If the vibration of the vocal cords can be sensed while it is pronounced, the initial is a voiced one.

请你分辨一下，哪四个是浊音
Identify the four voiced initials

(1) _____ (2) _____ (3) _____ (4) _____

声母表

		双唇音	唇齿音	舌尖前音	舌尖中音	舌尖后音	舌面前音	舌根音
塞音(清)	送气	p			t			k
	不送气	b			d			g
擦音	清		f	s		sh	x	h
	浊					r		
塞擦音(清)	送气			c		ch	q	
	不送气			z		zh	j	
鼻音(浊)		m			n			
边音(浊)					l			

三、送气音和不送气音对比朗读练习
Pronunciation exercises of the aspirated initials and unaspirated initials

b—p

补票 bǔ piào—普票 pǔpiào
伯伯 bóbo—婆婆 pópo
北方 běifāng—配方 pèifāng
蓬蓬勃勃 péngpengbóbó

跑动 pǎodòng—爆动 bàodòng
骗子 piànzi—辫子 biànzi
皮质 pízhì—笔直 bǐzhí
一瓶冰啤 yì píng bīngpí

d—t

吊起 diàoqǐ—跳起 tiàoqǐ
停下 tíngxià—定下 dìngxià
推行 tuīxíng—队形 duìxíng
攀登灯塔 pāndēng dēngtǎ

点燃 diǎnrán—天然 tiānrán
特意 tèyì—得意 déyì
当场 dāngchǎng—
糖厂 tángchǎng
电台大厅 diàntái dàtīng

g—k

感到 gǎndào—看到 kàndào
亏空 kuīkong—归公 guīgōng
宽心 kuānxīn—关心 guānxīn
高考各科 gāokǎo gè kē

搞好 gǎohǎo—考好 kǎohǎo
客人 kèrén—个人 gèrén
更改 gēnggǎi—慷慨 kāngkǎi
各种感慨 gè zhǒng gǎnkǎi

j—q

居住 jūzhù—驱逐 qūzhú
切开 qiēkāi—揭开 jiēkāi

见面 jiàn miàn—前面 qiánmian
军种 jūnzhǒng—群众 qúnzhòng

zh—ch

知道 zhīdào—迟到 chídào
插手 chā shǒu—扎手 zhā shǒu

助理 zhùlǐ—处理 chǔlǐ
传诵 chuánsòng—
转送 zhuǎnsòng

z—c

藏族 Zàngzú—仓促 cāngcù
才来 cái lái—再来 zài lái

最绿 zuì lǜ—翠绿 cuìlǜ
造纸 zàozhǐ—草纸 cǎozhǐ

四、听后写出正确的拼音
Listen and write down the correct initial-final combinations

1. _____ 2. _____ 3. _____ 4. _____
5. _____ 6. _____ 7. _____ 8. _____
9. _____ 10. _____

五、朗读句子
Read the following sentences aloud

1. 我怕(pà)他不懂事，劝(quàn)告(gào)他别到那儿去，但他偏(piān)偏(piān)不听。

2. 自从在长春(chūn)匆(cōng)匆(cōng)一别之后，就再也没遇(yù)见过她，我不知道她最近的情(qíng)况(kuàng)。

3. 他弟弟特(tè)地(dì)到电(diàn)台(tái)来找我，把一个特(tè)别(bié)的礼物递(dì)到我的手上。

4. 这期《奇(qí)迹(jì)》杂志介绍的世界七大奇(qí)迹(jì)，让人感到极(jí)其(qí)惊(jīng)奇(qí)。

5. 哥哥各(gè)科(kē)考试成绩肯(kěn)定(dìng)都不可能及(jí)格(gé)，可哥哥觉得根(gēn)本没关系。

6. 很多观(guān)光(guāng)客觉得口渴(kě)，就去街口的高科(kē)超(chāo)市(shì)买可口可乐喝。

六、绕口令 Tongue twisters

1. 半半摆碗， Bànban bǎi wǎn,
   胖胖摆盘。 Pàngpang bǎi pán.
   半半摆完碗帮胖胖摆盘， Bànban bǎiwán wǎn bāng Pàngpang bǎi pán,
   胖胖摆完盘帮半半摆碗。 Pàngpang bǎiwán pán bāng Bànban bǎi wǎn.

2. 大兔肚子大， Dà tù dùzi dà,
   小兔肚子小。 Xiǎo tù dùzi xiǎo.
   大兔比小兔肚子大， Dà tù bǐ xiǎo tù dùzi dà,
   小兔比大兔肚子小。 Xiǎo tù bǐ dà tù dùzi xiǎo.

3. 光光帮爸爸扛缸， Guāngguang bāng bàba káng gāng,
   刚刚帮妈妈扛筐。 Gānggang bāng māma káng kuāng.
   光光放下缸帮刚刚， Guāngguang fàngxia gāng bāng Gānggang,
   刚刚和妈妈夸光光。 Gānggang hé māma kuā Guāngguang.

4. 交交爱俏， Jiāojiao ài qiào,
   巧巧爱跳。 Qiǎoqiao ài tiào.
   交交爱瞧巧巧跳， Jiāojiao ài qiáo Qiǎoqiao tiào,
   巧巧爱夸交交俏。 Qiǎoqiao ài kuā Jiāojiao qiào.

七、有感情地朗读诗歌
Read the poem with emotion

春　风

朱　湘（Zhū Xiāng）

春风呀春风，
这是你应当做的：
母亲样
摩抚着儿童(mófǔzhe értóng)；
春风呀春风，
这是你喜欢做的：
轻吻着(qīng wěnzhe)
女郎的笑容(nǚláng de xiàoróng)；
春风呀春风，
这是你不该做的：
催出泪(cuīchū lèi)
到老人眼中。

第 二 课

声 母（二）Initials (2)
■ 卷舌音和平舌音的分辨
Distinction between Retroflexions and Tongue-flattened Initials

一、诊断测试　Diagnostic test

1. 四和十，十和四，十四和四十，四十和十四。
   说好四和十，要靠(kào)舌(shé)头和牙(yá)齿(chǐ)。
   谁说四十是"细(xì)席(xí)"，他的舌(shé)头没用力；
   谁说十四是"适(shì)时(shí)"，他的舌(shé)头没伸(shēn)直(zhí)。
   认真学，常练习，十四、四十、四十四。

2. 这是蚕(cán)，那是蝉(chán)，蚕(cán)常在叶里藏(cáng)，蝉(chán)常在林(lín)中唱。

3. 朱家一株竹，　　Zhū jiā yì zhū zhú,
   竹笋初长出。　　Zhúsǔn chū zhǎngchū.
   朱叔处处锄，　　Zhū shū chùchù chú,
   锄出笋来煮。　　Chúchū sǔn lái zhǔ.
   锄完不再出，　　Chúwán bú zài chū,
   朱叔没笋煮。　　Zhū shū méi sǔn zhǔ.

二、介绍　Introduction

1. 汉语声母中有一组卷舌音（翘舌音），它们是：zh、ch、sh、r。
   In initials, there are a group of retroflexions: zh, ch, sh and r.

2. 还有一组平舌音，它们是：z、c、s。
   There are also a group of tongue-flattened initials: z, c and s.

3. 卷舌音和平舌音的发音示意图
   The following is the pronunciation diagram of retroflexions and tongue-flattened initials.

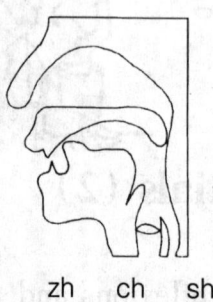
zh ch sh

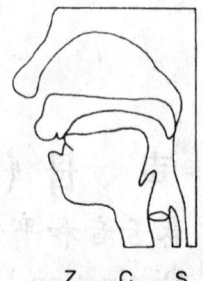
z c s

4. 卷舌音与平舌音发音比较
   Comparison between retroflexions and tongue-flattened initials

(1) 卷舌音，就是通过舌尖抵住硬腭前部（靠近咽喉）产生的阻碍发音；平舌音就是通过舌尖抵住上门齿背（靠近双唇）产生的阻碍发音。

Retroflexions are made by placing the tongue-tip against the front of the hard palate (close to the pharynx) to form an obstacle. Tongue-flattened initials are made by placing the tongue-tip against the back of the upper teeth (close to the lips) to form an obstacle.

(2) 发 zh 和 ch 时，舌尖翘起，抵住硬腭前部，发 ch 时气流较强。发 sh 时，舌尖翘起，接近硬腭前部。发 r 时，阻碍部位与发音方式和 sh 相同，但是发 r 时声带振动。

For zh and ch, raise the tongue-tip against the front of the hard palate. ch produces a stronger air stream. For sh, curl up the tongue-tip and place it close to the front of the hard palate. r has the same obstacle position of organs and articulation pattern as sh, but the vocal cords should be vibrated.

(3) 发 z 和 c 时，舌尖抵住上门齿背，发 c 时的气流较强。发 s 时，舌尖接近上门齿背。

For both z and c, put the tongue-tip against the back of the upper teeth. c produces a stronger air stream. For s, put the tongue-tip close to the back of the upper teeth.

三、词语对比朗读练习
Exercises of reading the words in contrast

z—zh

造像 zàoxiàng—
照相 zhàoxiàng
增幅 zēngfú—征服 zhēngfú
栽花 zāi huā—摘花 zhāi huā
资助 zīzhù—知足 zhīzú

租下 zūxia—住下 zhùxia
早稻 zǎodào—找到 zhǎodào
阻力 zǔlì—主力 zhǔlì
枣子 zǎozi—招致 zhāozhì

c—ch

辞去 cíqù—迟去 chíqù
参加 cānjiā—搀假 chān jiǎ
测量 cèliáng—车辆 chēliàng
粗糙 cūcāo—出操 chū cāo
淙淙 cóngcóng—
重重 chóngchóng

擦手 cā shǒu—插手 chā shǒu
村庄 cūnzhuāng—
春装 chūnzhuāng
小葱 xiǎocōng—
小虫 xiǎochóng

s—sh

苏杭 Sūháng—竖行 shùháng
思想 sīxiǎng—识相 shíxiàng
肃立 sùlì—树立 shùlì
损失 sǔnshī—顺势 shùnshì

相似 xiāngsì—相识 xiāngshí
色系 sèxì—社戏 shèxì
森林 sēnlín—深林 shēnlín
素食 sùshí—殊死 shūsǐ

z、c、s—zh、ch、sh

诗词歌赋 shī cí gē fù
丝丝入扣 sī sī rù kòu
丝竹之声 sī zhú zhī shēng
浓墨重彩 nóng mò zhòng cǎi
打扫战场 dǎsǎo zhànchǎng

视死如归 shì sǐ rú guī
种族歧视 zhǒngzú qíshì
沧海桑田 cānghǎi sāngtián
坚持原则 jiānchí yuánzé
似是而非 sì shì ér fēi

四、听后写出正确的拼音
Listen and write down the correct initial-final combinations

1. _____ 2. _____ 3. _____ 4. _____
5. _____ 6. _____ 7. _____ 8. _____

五、听录音，选出正确答案
Listen to the recording and choose the correct answers

1. A. 战争 zhànzhēng   B. 赞成 zànchéng
   C. 战场 zhànchǎng   D. 珍藏 zhēncáng   (　)

2. A. 知识 zhīshi   B. 织丝 zhī sī
   C. 姿势 zīshì   D. 自私 zìsī   (　)

3. A. 柱子 zhùzi   B. 组织 zǔzhī
   C. 住址 zhùzhǐ   D. 租子 zūzi   (　)

4. A. 车次 chēcì   B. 撤职 chè zhí
   C. 测字 cè zì   D. 测试 cèshì   (　)

5. A. 十四 shísì   B. 时世 shíshì
   C. 私事 sīshì   D. 丝丝 sīsī   (　)

6. A. 出事 chū shì   B. 促使 cùshǐ
   C. 处死 chǔsǐ   D. 初次 chūcì   (　)

7. A. 仓促 cāngcù   B. 仓储 cāngchǔ
   C. 长处 chángchù   D. 常驻 chángzhù   (　)

8. A. 山城 shānchéng   B. 三成 sān chéng
   C. 三层 sān céng   D. 散场 sàn chǎng   (　)

六、朗读句子
Read the following sentences aloud

1. 古时候有一首诗中有这样一个句子："春蚕(cán)到死丝(sī)方尽(jìn)"。

2. 纺(fǎng)织(zhī)商(shāng)城有四十层(céng)，常胜(shèng)商场(chǎng)是私(sī)人的，有四十四层(céng)。

3. 陈老师正在撰(zhuàn)写一册(cè)介绍中国传(chuán)统(tǒng)建(jiàn)筑(zhù)特(tè)色(sè)的书，这是他的第十本著(zhù)作(zuò)。

4. 孙师傅(fu)这么大的岁数还在操(cāo)持(chí)着家里的大小事情。他这样做是为了支(zhī)持(chí)儿孙(sūn)们的工作。

5. 这个城市有很多不同层次的学校，师资(zī)水平似(sì)乎(hū)也参(cēn)差(cī)不齐(qí)，多数教师需要增(zēng)加(jiā)更多的专(zhuān)业(yè)知(zhī)识(shi)。

七、朗读短文，注意发音

Read the passages aloud and pay attention to your pronunciation

狮(shī)子(zi)

在所(suǒ)有的动物中，狮子是一种群(qún)体意(yì)识(shi)很强(qiáng)的动物(wù)，它们彼(bǐ)此(cǐ)相处(chǔ)融(róng)洽(qià)。头领(lǐng)雄(xióng)狮主(zhǔ)要是保(bǎo)护(hù)领(lǐng)地，别的雄(xióng)狮负(fù)责(zé)保护雌(cí)狮和幼(yòu)狮。在一个狮群(qún)中，大约(yuē)有二十只狮子，其(qí)中包括(kuò)十多只雄(xióng)狮、四五只成年雌(cí)狮，还有少数幼(yòu)狮。

测(cè)字

旧(jiù)社(shè)会有一种人，被称(chēng)作"测(cè)字先生"，别望文生义(yì)，以为他们是老师啊！他们常在集(jí)市(shì)中或者寺(sì)庙(miào)外，摆一个小摊(tān)子，摊(tān)子上只放些纸、笔，他们这是要卖什么？如果你正好走到摊(tān)子前，他们就会热情地邀(yāo)请你："测(cè)个字吧！"坐下来，在纸上随(suí)手写个汉字，他们就能根(gēn)据(jù)这个字，说出你的命(mìng)运前途(tú)。是真的吗？咳(hài)，你可别当真啊！

第三课

"墙装窗，窗装墙"

声 母（三）Initials (3)

■ 舌尖后音 zh、ch、shi，舌尖前音 z、c、s 和舌面音 j、q、x 的分辨

Distinction between Post-alveolar Affricates zh, ch, shi, Frontalalveolar Affricates z, c, s and Palatal Fricates j, q, x

一、诊断测试　Diagnostic test

1. 张其(qí)发音不清(qīng)晰(xī)，他把"精(jīng)致(zhì)"说成了"经(jīng)济(jì)"，"组(zǔ)织(zhī)"说成了"阻(zǔ)击(jī)"，"不直(zhí)"说成了"不急(jí)"，"大使(shǐ)"说成了"大喜(xǐ)"，"秩(zhì)序(xù)"说成了"继(jì)续(xù)"。

2. 要是你对此(cǐ)次比赛(sài)抱(bào)有过高的希(xī)望(wàng)，就很容易觉得失(shī)望(wàng)；但是如果你有一颗(kē)平常心，坚持下去，就有可能取(qǔ)得好成绩(jì)。

3. 7月14日，我们全家为了庆(qìng)祝(zhù)爷爷九十大寿(shòu)，聚(jù)集(jí)在世(shì)纪(jì)大酒店举(jǔ)办了寿(shòu)宴(yàn)，酒店给我们准(zhǔn)备(bèi)了极(jí)其(qí)丰(fēng)盛(shèng)的食(shí)物(wù)。

二、介绍　Introduction

1. 舌间后音 zh、ch、sh
   Post-alveolar affricates zh, ch and sh

发音时注意：(1) 舌尖要翘起来，对准（抵住或接近）硬腭前部。(2) 口微开，上下齿稍稍分开。

Notes: (1) The tip of the tongue is curved up and placed close to the front of the hard palate. (2) The mouth is slightly open. The upper and lower teeth are slightly apart.

2. 舌尖前音 z、c、s　Frontal-alveolar affricates z, c and s

发音时注意：(1) 舌尖平放，对准（抵住或接近）上齿背。(2) 上门齿掩住下门齿尖，不能有缝隙。

Notes: (1) The front part of the tongue is spread and pressed against or close to the back of the upper teeth. (2) The upper front teeth cover the tip of the lower front teeth, with no crack left.

3. 舌面音 j、q、x　Palatal fricates j, q and x

发音时注意：(1) 舌尖前伸下垂，抵住下门齿背，保持不动。(2) 舌面前部向上，和硬腭前部贴紧，然后突然放松一点儿。(3) 舌尖贴住下齿背不动。

Notes : (1) The tip of the tongue is stretched forward and put against the back of the lower teeth, kept unmoved. (2) The front of the tongue is pressed against the front of the hard palate and then relaxed a little abruptly. (3) The tongue-tip is placed against the back of the lower teeth, kept unmoved.

4. 常见错误　Often-committed errors

(1) 发 zh、ch、sh 时，有的学生舌尖翘得太过，接触点过于靠后，就不是舌尖而是舌尖的背部接触硬腭，这样发音很不舒服，也不正确。

While pronouncing zh, ch and sh, some students tend to curve the tongue-tip too much, thus it's the back of the tongue-tip, rather than the tip, that touches the hard palate. The pronunciation is neither natural nor correct.

(2) 有的学生在发这三组音时，不注意口型和开口度，所以发音不准确。一般来说，发 zh、ch、sh 时口型圆，唇部外伸，开口度也较大；发 z、c、s 时口型扁，唇部向两侧伸展，开口度较小；发 j、q、x 时，口型很扁，开口度很小。

Some students pay no attention to the shape of the lips nor the degree to open the mouth. Therefore, their pronunciation is incorrect. Generally speaking, in cases of zh, ch and sh, the lips are rounded and pursed, and the mouth is wide open. As regards z, c and s, the lips are stretched to the sides, and the opening of the mouth is narrow. For j, q and x, the lips are flattened and the opening of the mouth is narrower.

三、词语对比朗读练习
Exercises of reading the words in contrast

zh—z—j

之间 zhījiān—自荐 zìjiàn—击剑 jījiàn
真假 zhēnjiǎ—增加 zēngjiā—进价 jìnjià
祝愿 zhùyuàn—组员 zǔyuán—剧院 jùyuàn
准备 zhǔnbèi—尊卑 zūnbēi—军备 jūnbèi
哲人 zhérén—责任 zérèn—接任 jiērèn
制止 zhìzhǐ—孜孜 zīzī—积极 jījí

ch—c—q

赤道 chìdào—刺刀 cìdāo—祈祷 qídǎo
城池 chéngchí—层次 céngcì—轻骑 qīngqí
搀假 chān jiǎ—参加 cānjiā—全家 quánjiā
春意 chūnyì—存疑 cúnyí—群蚁 qúnyǐ
长处 chángchù—仓促 cāngcù—强取 qiángqǔ
迟迟 chíchí—次次 cìcì—漆器 qīqì

sh—s—x

识字 shí zì—私自 sīzì—习字 xí zì
扇子 shànzi—馓子 sǎnzi—仙子 xiānzǐ
上述 shàngshù—桑树 sāngshù—相书 xiàngshū
深林 shēnlín—森林 sēnlín—心灵 xīnlíng
树木 shùmù—肃穆 sùmù—畜牧 xùmù
诗史 shīshǐ—丝丝 sīsī—嬉戏 xīxì

四、写出正确的拼音
Write down the correct initial-final combinations

1. 燃眉之急　rán　méi　____　____
2. 急中生智　____　zhōng　____　____
3. 极为精致　____　wéi　____　____
4. 稀世珍宝　____　____　____　bǎo

5. 参差不齐 ___ ___ bù ___
6. 编制程序 biān ___ ___ ___
7. 知识经济 ___ ___ ___
8. 神仙眷侣 ___ ___ ___ lǚ

五、绕口令　Tongue twisters

1. 沙沙搭瓜架，　　Shāsha dā guājià,
   佳佳取绳扎。　　Jiājia qǔ shéng zā.
   绳子扎上架，　　Shéngzi zāshàng jià,
   架架结出瓜。　　Jiàjià jiēchū guā.

2. 墙装窗，　　　　Qiáng zhuāng chuāng,
   窗装墙，　　　　Chuāng zhuāng qiáng,
   墙窗装，　　　　Qiáng chuāng zhuāng,
   窗墙装，　　　　Chuāng qiáng zhuāng,
   墙上装窗房间亮。Qiángshàng zhuāng
   　　　　　　　　　chuāng fángjiān liàng.

3. 桥东来了巧巧，　Qiáo dōng láile Qiǎoqiao,
   桥西来了小小。　Qiáo xī láile Xiǎoxiao.
   巧巧过桥找小小，Qiǎoqiao guò qiáo
   　　　　　　　　　zhǎo Xiǎoxiao,
   小小过桥找巧巧。Xiǎoxiao guò qiáo
   　　　　　　　　　zhǎo Qiǎoqiao.
   巧巧小小齐上桥，Qiǎoqiao Xiǎoxiao qí
   　　　　　　　　　shàng qiáo,
   彼此看见哈哈笑。Bǐcǐ kànjiàn hāhā xiào.

六、听录音，选出正确答案

Listen to the recording and choose the correct answers

1. A. 及时 jíshí　　B. 即使 jíshǐ　　C. 集市 jíshì　（　）
2. A. 旗舰 qíjiàn　　B. 期间 qījiān　　C. 起见 qǐjiàn　（　）

3. A. 重视 zhòngshì　　B. 中士 zhōngshì
　　C. 忠实 zhōngshí　　　　　　　　　（　）
4. A. 起初 qǐchū　　B. 凄楚 qīchǔ　　C. 齐楚 Qí Chǔ（　）
5. A. 清醒 qīngxǐng　　B. 情形 qíngxíng
　　C. 庆幸 qìngxìng　　　　　　　　　（　）
6. A. 举行 jǔxíng　　B. 巨型 jùxíng　　C. 巨星 jùxīng（　）
7. A. 假借 jiǎjiè　　B. 嫁接 jiàjiē　　C. 佳节 jiājié（　）
8. A. 靴子 xuēzi　　B. 学子 xuézǐ　　C. 血渍 xuèzì（　）
9. A. 激起 jīqǐ　　B. 机器 jīqì　　C. 极其 jíqí（　）
10. A. 喘气 chuǎn qì　　B. 传奇 chuánqí
　　C. 穿起 chuānqǐ　　　　　　　　　（　）

七、扮演角色，朗读小品

Play the roles in the skit and read the lines

盲(máng)人摸(mō)象(xiàng)

人物：盲人甲(jiǎ)、盲人乙(yǐ)、盲人丙(bǐng)、盲人丁(dīng)

（旁白）很久很久以前，有四个盲人，他们听说有一种动物(wù)叫作大象，可是他们的眼睛看不见，不知道大象到底(dǐ)长什么样子。一天，在集(jí)市(shì)里有大象展(zhǎn)览(lǎn)，他们就高高兴兴地去看——不对不对，是去"摸"大象。

盲人甲第一个摸，他正(zhèng)好摸到了大象的鼻子：

甲：啊呀，大象又粗(cū)又长(cháng)，像一条蛇(shé)，不！更像一根绳(shéng)子！原来大象长得像一根绳子！

盲人乙个子长得很高，他一伸(shēn)手，就摸到了大象的耳朵：

乙：你说得不对！大象软(ruǎn)软的、薄(báo)薄的，多像一把夏天用的扇(shàn)子啊！

甲：不，像绳(shéng)子！

乙：明明像扇(shàn)子！

盲人丙听见他们吵了起来，连忙劝他们：

丙：别吵了！别吵了！让我来摸摸，大象像绳子还是像扇子。

盲人丙太矮了，他一摸就摸到了大象的腿：

丙：你们两个人都错了！大象像一根柱(zhù)子，圆圆高高的！

甲和乙一听都笑了起来：

甲/乙：大象怎么可能像柱(zhù)子呢？哈哈哈！

丙：我的感觉不会错，大象真的很像寺(sì)庙(miào)门前(qián)的柱(zhù)子！

他们三个人吵(chǎo)个不停，最后，只好请盲人丁来做裁(cái)判(pàn)：

甲/乙/丙：你来摸摸大象，看谁说得对。

丁往前走了几步，一下子撞(zhuàng)在了大象的身上，他伸(shēn)出双手摸啊摸：

丁：哎呀！大象真大啊！像一面墙(qiáng)那么大！大象最像一面墙！

甲：你们都错了！大象像绳(shéng)子！

乙：像扇(shàn)子！

丙：像柱(zhù)子！

那头不知是像绳(shéng)子还是扇(shàn)子、像柱(zhù)子还是墙(qiáng)的大象奇怪地看着这四个人，弄不明白他们吵(chǎo)来吵去，是为了什么。

第四课

声 母（四）Initials (4)

■ 浊擦音r与边音l的分辨
Distinction between Voiced Fricative Consonant r and Lateral Consonant l

一、诊断测试　Diagnostic test

1. 雷声隆隆　léishēng lónglóng
2. 其乐融融　qí lè róngróng
3. 若即若离　ruò jí ruò lí
4. 入情入理　rù qíng rù lǐ
5. 了如指掌　liǎo rú zhǐ zhǎng
6. 日落西山　rì luò xī shān
7. 日复一日　rì fù yí rì
8. 人力资源　rénlì zīyuán

二、介绍　Introduction

1. 浊擦音r：发音的情况和清擦音sh相近，摩擦比sh弱，同时声带颤动，气流带音。发完sh后声带颤动，可借助发sh来发r。

Voiced fricative consonant r: Its pronunciation position is similar to that of the voiceless fricative consonant sh, but it is voiced with weaker affrication. The air carries the sound out. Vibrate the vocal cords at the same time. It can be pronounced by vibrating the vocal cords after finishing sh.

2. 边音l：舌尖顶住上齿龈，气流振动声带，使气流从舌两边或一边通过。

Lateral consonant l: Place the tongue-tip against the upper alveolar ridge.

The air stream vibrates the vocal cords and goes over one or two sides of the tongue.

3. 常见错误　Often-committed errors

(1) 有的学生发 r 音的方法不正确，开始发 r 音时舌尖和上颚接触成阻，发出闪音，用力大时则发出颤音。应提醒他们发 r 音时舌颚之间不要发生闭塞，保持间隙。

Some students fail to apply the correct articulation method to r. At the beginning, they use the tongue-tip to touch the upper palate, thus the air is resisted. The excessive strength will produce a trill. They should be reminded to leave space between the tongue and the palate.

(2) 有的学生发 r 音时发音部位不正确，卷舌太大，舌颚接触点靠后。应提醒他们掌握好舌、颚接近的部位。

Some students fail to fix the correct articulation position of r. They curve their tongue so much that the touching point of the tongue and the palate is situated behind. They should be reminded of the right position where the tongue and the palate are close to each other.

三、朗读词语，注意 r 和 l 的区别
Read the words aloud and pay attention to the distinction between r and l

r—r

柔弱 róuruò
忍让 rěnràng
仍然 réngrán

荣辱 róngrǔ
嚷嚷 rāngrang
荏苒 rěnrǎn

忍辱负重 rěn rǔ fù zhòng
如日中天 rú rì zhōng tiān

l—l

力量 lìliang
凛冽 lǐnliè
凌乱 língluàn

罗列 luóliè
露脸 lòu liǎn
流连 liúlián

流连忘返 liúlián wàng fǎn
历历在目 lìlì zài mù

r—l

加热 jiā rè—加了 jiāle
入口 rùkǒu—路口 lùkǒu
示弱 shìruò—失落 shīluò
熔炉 rónglú—融入 róngrù

打扰 dǎrǎo—打捞 dǎlāo
容易 róngyì—龙椅 lóngyǐ
依然 yīrán—一连 yìlián
喽啰 lóuluo—柔弱 róuruò

四、写出听到的拼音
Write down the initial-final combinations according to what you have heard

1. 在公共汽车上，应该主动给＿＿＿ ＿＿＿病残＿＿＿座。
2. 教授现在很疲＿＿＿，别＿＿＿来打＿＿＿他。
3. 他＿＿＿ ＿＿＿ ＿＿＿教不改，就该受到惩罚。
4. 在画上，把树＿＿＿ ＿＿＿，＿＿＿后，把大海＿＿＿。
5. 虽＿＿＿他老多了，可是我＿＿＿觉得他的演唱＿＿＿ ＿＿＿四射。

■ 鼻音n与边音l的分辨

Distinction between Alveolar Nasal Consonant n and Lateral Consonant l

一、诊断测试　　Diagnostic test

六六妞妞去放牛，	Liùliu Niūniu qù fàng niú,
大牛小牛有六头。	Dà niú xiǎo niú yǒu liù tóu.
六六牵着大牛走，	Liùliu qiānzhe dà niú zǒu,
妞妞牵着小牛遛。	Niūniu qiānzhe xiǎo niú liù.
六头牛，牛六头，	Liù tóu niú, niú liù tóu,
六六妞妞、妞妞	Liùliu Niūniu、Niūniu
六六都爱牛。	Liùliu dōu ài niú.

二、介绍　　Introduction

1. 鼻音n：舌尖顶住上齿龈，软腭下降，打开鼻腔通路，气流振动声带，从鼻腔通过发音。

Nasal consonant n: Press the tongue-tip against the upper gum and lower the soft palate. Air vibrates the vocal cords and goes out through the nasal cavity.

2. 边音l：舌尖顶住上齿龈，使气流从舌两边或一边通过。

Lateral consonant l: Place the tongue-tip against the upper gum. Let the air out through one or two sides of the tongue.

3. 分辨n和l　　Distinction between n and l

(1) 捏住鼻孔时发n音有困难，而且耳膜有鸣声。

Pinching the nostril makes it difficult to pronounce n and tinnitus occurs.

(2) 捏住鼻孔发l音没有困难，耳膜没有明显的鸣声。
Pinching the nostril causes no difficulty in pronouncing l. No obvious tinnitus occurs.

三、词语对比朗读练习
Exercises of reading the words in contrast

南京 Nánjīng—蓝鲸 lánjīng
挪移 nuóyí—络绎 luòyì

耐心 nàixīn—来信 láixìn
闹事 nào shì—老师 lǎoshī

年代 niándài—连带 liándài
那里 nàlǐ—拉力 lālì
捏泥 niē ní—捏力 niēlì
恋恋 liànliàn—年年 niánnián
戮力 lùlì—努力 nǔlì

宁愿 nìngyuàn—陵园 língyuán
脑内 nǎo nèi—劳累 láolèi
老农 lǎonóng—牢笼 láolóng
流利 liúlì—忸怩 niǔní
里弄 lǐlòng—尼龙 nílóng

四、听后写出正确的拼音
Listen and write down the correct initial-final combinations

1. _____ 2. _____ 3. _____ 4. _____
5. _____ 6. _____ 7. _____ 8. _____
9. _____ 10. _____

五、标出声母 (n 或 l) Mark the intials (n or l)

去年上宁(__íng)波的姥(__ǎo)爷家过暑假，认识了一个叫思浓(__óng)的小姑娘。她挺调皮，有时她蹑(__iè)手蹑脚地跑过来，敲敲我房间的窗玻璃，等我扭(__iǔ)过头看她，她做个鬼脸，就一溜(__iù)烟跑了。有时她站在姥爷家门口，捏(__iē)着鼻子，学小猫喵喵叫，姥爷就会笑着说："雅妮(__ī)，你出去看看哪家的小猫跑过来偷鱼吃了！"这时，她才不好意思地跑进来，揽(__ǎn)住姥爷的胳膊笑起来。

我离开的那天，她一直送我到车站，车开的时候，她塞给我一个纸包。我打开一看，是我最喜欢吃的荔(＿ì)枝和糯(＿uò)米糕，我心里一下子充满了温暖(＿uǎn)的感动。

六、朗读民谣
Read the ballad aloud

1. 树上结了一只梨(lí)，风吹(chuī)阵(zhèn)阵(zhèn)梨落(luò)地，梨(lí)落(luò)地，梨滚(gǔn)泥(ní)，泥(ní)沾(zhān)梨(lí)。

2. 萤(yíng)火虫(chóng)，提了一个小灯笼(long)，飞来飞去，灯笼(long)放在哪里好？不知道，不知道，所以一到晚上就乱(luàn)跑。

3. 陆(Lù)老头今年六十六，种了六十六棵(kē)垂(chuí)杨(yáng)柳(liǔ)，养(yǎng)了六十六头牛。六十六岁的陆(Lù)老头，卖(mài)了柳(liǔ)和牛(niú)，盖(gài)了六座(zuò)楼。

七、复述故事　Retell the stories

（一）

刚到中国的时候，天气一下子变得很冷，所以我赶(gǎn)忙去商店买被(bèi)子。我问售(shòu)货(huò)员："你们这儿有 bēi 子吗？"她说有，然后从柜(guì)台里拿出一个杯子说："这个行吗？"我明白是自己的发音错了，但是那个时候，我也不知道正确(què)的发音是怎样的，就只好不停地说着"我要 bēi 子！"售货员热情地拿出了一个又一个杯子给我看，可是我一点儿也不想喝水，我只是想晚上能暖暖和和地睡上一觉！

（二）

一次，我约(yuē)了朋友在首都剧(jù)场门口见面，因为时间很紧(jǐn)，所以我就匆(cōng)匆(cong)忙忙地跳(tiào)上一辆出租汽车，大声说："我赶(gǎn)时间，请快去首都 jī 场！"出租车开了，我问司机："这是去 jī 场的路吗？"他马上回答说："没问题，您放心。我一定快点儿开，不会耽(dān)误(wù)您坐飞机的！"坐飞机？我为什么要坐飞机？我的朋友一定等得急(jí)死了。天啊！我终(zhōng)于(yú)明白了，我的发音又错了。

第五课

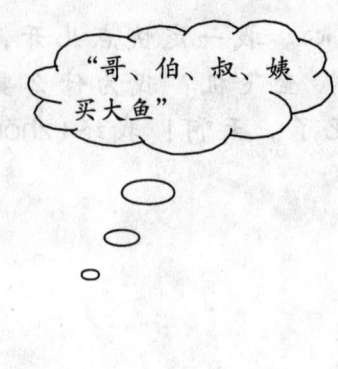

"哥、伯、叔、姨买大鱼"

韵 母（一）Finals (1)

■ 单韵母的发音辨证
Pronunciation Differentiation of Simple Finals

一、介绍　Introduction

1. 单韵母　Simple finals

由一个元音构成的韵母叫单元音韵母，简称单韵母。一共有9个：
Simple finals are those which consist of only one vowel. There are nine of them.

舌面元音　Palatal vowels: a o e i u ü

舌尖元音　Alveolar vowels:
　　-i [ɿ]（在 z 、c 、s 后面　following z, c and s）
　　-i [ʅ]（在 zh 、ch 、sh、r 后面　following zh , ch , sh and r）

卷舌元音　Retroflex vowel: er

2. 舌面元音的发音　Palatal vowel

[a] 发音时,开口度大,舌位低,舌头不前不后,唇型不圆。
The mouth is wide open, the tongue is at its lowest without being moved forward or backward. The lips are unrounded.

[o] 发音时,口半闭,舌位半高,舌头后缩,唇拢圆。
The mouth is half shut. The tongue is lifted to the middle and with drawn. The lips are rounded.

[e] 发音状况与 o 基本相同,但是双唇要自然向两边展开。
The opening of the mouth and the tongue position are almost the same as those of o, but the lips should be stretched to the two sides.

|i| 发音时，唇型扁平，舌头前伸使舌尖抵住下齿背。

The lips are spread and the tongue-tip is placed against the back of the lower teeth.

|u| 发音时，双唇拢圆，留一个小孔，舌头后缩。

The lips are fully rounded to form a small hole. The tongue is withdrawn.

|ü| 发音状况与 i 基本相同，但是唇型拢圆。

The tongue position is identical to that of i, but the lips are rounded.

3. 舌尖元音的发音　　Alveolar vowel

|-i[ɿ]| 发音时，舌尖前伸接近上齿背，气流经过时不产生摩擦，唇型不圆。用普通话念"咨 zi"并拉长，字音后面部分就是 -i [ɿ]。它只出现在声母 z、c、s 后面。

The tongue-tip is put close to the back of the upper teeth. The air goes through, producing no friction. The lips are unrounded. Pronounce "咨 zi" in standard Chinese. Lengthen the sound. Its latter part is the pronunciation of -i[ɿ]. It only follows the initials z, c and s.

|-i [ʅ]| 发音时，舌尖上翘接近硬腭前部，气流经过时不产生摩擦，唇型不圆。用普通话念"只 zhi"并拉长，字音后面部分就是 -i[ʅ]。它只出现在声母 zh、ch、sh、r 后面。

Curve the tongue-tip to approch the front of the hard palate. The air goes through, producing no friction. The lips are unrounded. Pronounce "只 zhi" in standard Chinese. Lengthen the sound. Its latter part is the pronunciation of -i [ʅ]. This simple final appears only after zh, ch, sh and r.

4. 卷舌元音的发音　　Retroflex finals

|er| 发音时，口略开，舌位不前不后，舌头稍后缩，唇型不圆，在发 e 的同时，舌头向硬腭卷起。

The mouth is slightly open. The tongue is withdrawn a little. The lips are unrounded. Curve the tongue up toward the hard palate while sounding "e".

二、e 和 o 的发音　　The articulation of e and o

1. 介绍　　Introduction

|e| 发 e 时，可先发 o 音，声音拖长，逐渐把双唇往两边展开，就是 e。

Pronounce o first, then prolong the sound and meanwhile gradually stretch the lips to the sides.

o 发 o 时，口半闭，舌位半高，舌头后缩，唇拢圆。

The mouth is half shut. The tongue is placed high in the middle and withdrawn to the back. The lips are rounded.

2. 发音练习　Pronunciation exercises

破壳 pò ké　　膈膜 gémó　　合格 hé gé　　播歌 bō gē
伯乐 bólè　　哥哥 gēge　　薄荷 bòhe　　褐色 hèsè
刻薄 kèbó　　磨合 móhé

3. 听后写出正确的拼音

Listen and write down the correct initial-final cimbinations

4. 绕口令　Tongue twisters

河上是坡，　　　　Hé shàng shì pō,
坡下是河。　　　　Pō xià shì hé.
坡上立着一只鹅，　Pō shàng lìzhe yì zhī é,
鹅的旁边一条河。　É de pángbiān yì tiáo hé.
河中游鹅鹅在河，　Hé zhōng yóu é é zài hé,
鹅在游河河中鹅。　É zài yóu hé hé zhōng é.

三、o 和 u 的发音　The articulations of o and u

1. 介绍　Introduction

o 发 o 时，口半闭，舌位半高，舌头后缩，唇拢圆。

The mouth is half shut. The tongue is placed high in the middle and withdrawn to the back. The lips are rounded.

u 发 u 时，双唇拢圆，留一个小孔，舌头后缩。嘴唇向前突出，像吹气的样子，但是不向外吹气。

The lips are rounded with a small hole left. The tongue is withdrawn slightly. The lips are pursed as if to blow, but no air is let out.

2. 发音练习　　Pronunciation exercises

薄暮 bómù　　　模糊 móhu　　湖泊 húpō　　默默 mòmò
破除 pòchú　　　录播 lùbō　　　马马虎虎 mǎmahūhū
婆婆妈妈 pópomāmā　　　　　　不破不例 bú pò bú lì
穷途末路 qióng tú mò lù

3. 绕口令　　Tongue twisters

(1) 卜家卜小五，　　　Bǔ jiā Bǔ Xiǎowǔ,
　　种了五亩谷。　　　Zhòngle wǔ mǔ gǔ.
　　谷子秋天熟，　　　Gǔzi qiūtiān shú,
　　贮藏在仓库。　　　Zhùcáng zài cāngkù.
　　库外有条路，　　　Kù wài yǒu tiáo lù,
　　路上一窝鼠。　　　Lù shàng yì wō shǔ.
　　跑来库里住，　　　Pǎolái kù lǐ zhù,
　　天天都吃谷。　　　Tiāntiān dōu chī gǔ.

(2) 婆婆属鼠，　　　　Pópo shǔ shǔ,
　　伯伯属猪。　　　　Bóbo shǔ zhū.
　　叔叔属兔，　　　　Shūshu shǔ tù,
　　哥哥属虎。　　　　Gēge shǔ hǔ.
　　大家问我属什么，　Dàjiā wèn wǒ shǔ shénme,
　　妈妈笑说属"糊涂"。　Māma xiào shuō shǔ "hútu".

四、i 和 ü 的发音　　The articulations of i and ü

1. 介绍　　Introduction

|i| 发音时，舌头成扁平状，舌头前伸使舌尖抵住下齿背。（注意：当 i 自成音节时，开头要有一个短暂的半元音[j]，就是发音时上下齿的距离比 i 更小一些，使其带点摩擦。如 yīfu、kěyǐ）

Spread the tongue forward and put the tongue-tip against the back of the lower teeth. (Note: If i forms a syallble by itself, begin the sound with a short semivowel [j]. This means the upper teeth is closer to the lower teeth than usual so as to add a little affrication to the sound.)

|ü| 先发 i，然后声音拖长，舌位不动，嘴唇变圆，就可以发出 ü。读有

ü 的音节时，一开始就要圆唇。

First pronounce i, then prolong the sound, with the tongue positon unchanged and the lips rounded, thus getting the pronunciation of ü. To read out the syllables with ü, round the lips at the beginning.

2. 听录音，选出正确答案

   Listen to the recording and choose the correct answers

   (1) A. 比翼 bǐyì   B. 比喻 bǐyù   C. 碧玉 bìyù   ( )
   (2) A. 棉絮 miánxù   B. 联系 liánxì   C. 怜恤 liánxù   ( )
   (3) A. 名义 míngyì   B. 名誉 míngyù   C. 民意 mínyì   ( )
   (4) A. 伴侣 bànlǚ   B. 办理 bànlǐ   C. 本领 běnlǐng   ( )
   (5) A. 书籍 shūjí   B. 书局 shūjú   C. 数据 shùjù   ( )
   (6) A. 大姨 dàyí   B. 大鱼 dàyú   C. 大意 dàyì   ( )
   (7) A. 友谊 yǒuyì   B. 犹豫 yóuyù   C. 徭役 yáoyì   ( )
   (8) A. 适宜 shìyí   B. 食欲 shíyù   C. 肆意 sìyì   ( )
   (9) A. 课余 kèyú   B. 可以 kěyǐ   C. 刻意 kèyì   ( )
   (10) A. 尤其 yóuqí   B. 有趣 yǒuqù   C. 油漆 yóuqī   ( )
   (11) A. 不急 bù jí   B. 布局 bùjú   C. 不禁 bùjīn   ( )
   (12) A. 记起 jìqǐ   B. 汲取 jíqǔ   C. 极其 jíqí   ( )
   (13) A. 序曲 xùqǔ   B. 吸取 xīqǔ   C. 戏曲 xìqǔ   ( )
   (14) A. 崎岖 qíqū   B. 记取 jìqǔ   C. 机器 jīqì   ( )
   (15) A. 记忆 jìyì   B. 拘役 jūyì   C. 机遇 jīyù   ( )
   (16) A. 履历 lǚlì   B. 历历 lìlì   C. 利率 lìlǜ   ( )

3. 朗读   Read aloud

   (1) 大姨骑毛驴，   Dàyí qí máolǘ,
       毛驴走得急。   Máolǘ zǒu de jí.
       大徐钓大鱼，   Dà Xú diào dà yú,
       大鱼长一米。   Dà yú cháng yì mǐ.
       大姨的毛驴撞到了大徐， Dàyí de máolǘ zhuàng dàole Dà Xú,
       大徐的大鱼掉进了河里。 Dà Xú de dà yú diào jìnle hé lǐ.

(2) 丽丽今天去市(shì)场(chǎng)买了荸(bí)荠(qi)、鸭儿(yār)梨(lí)和金(jīn)橘(jú)，又买了绿(lǜ)豆(dòu)、大米(mǐ)和玉(yù)米(mǐ)，还买了鲫(jì)鱼、鲤(lǐ)鱼和虾(xiā)皮(pí)。

五、故事接龙
Build a sequence of the stories

1. 今天上午，我和朋友们约(yuē)好一起去爬山，刚打算(suan)出门，突(tū)然(rán)来了一个电话……

2. 太阳(yáng)觉得世(shì)界(jiè)上自己最(zuì)厉(lì)害(hai)，可是风不服(fú)气(qì)，它们谁也说服(fú)不了(liǎo)谁，所以它们决(jué)定(dìng)来一场比赛……

第六课

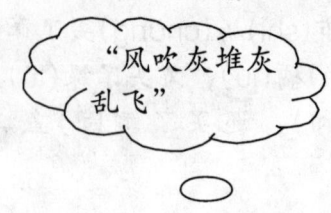

韵 母（二）Finals (2)

■ 复韵母的发音辨证
Pronunciation Differentiation of Compound Finals

一、介绍 Introduction

复韵母 Compound finals：

由两个或者三个元音构成的韵母就是复韵母，一共有 13 个：

The finals which consist of two or three vowels are called the compound finals. They are the following thirteen finals:

ai	ei	ao	ou	ia	ie	ua	uo
üe	iao	iu	uai	ui			

1. 在发音时注意   Notes:

(1) 从一个元音快速、自然地向另一个元音过渡，舌位的高低前后、口腔的开闭、唇型的圆展，都是逐渐变化的，不是突然的、跳动的。

Slip from one vowel to another swiftly and naturally. The changes in the tongue position, in the opening and closing of the mouth, and in the shapes of the lips are gradual, not abrupt.

(2) 各个韵母响动不同。如 ai 这个复韵母，前面的 a 发音既比较长，又比较清晰；后面的 i 发音却又轻又短，比较模糊。

The articulation of each vowel in a compound final is not the same. In the compound final ai, a sounds long and clear, while i sounds soft, short and indistinct.

2. 宽复合和窄复合比较：

Comparison between the wide compound finals and narrow compound finals：

宽 wide： ai ao ia iao ua uai

窄 narrow： ei ou ie iu uo ui

二、词语对比朗读练习
Exercises of reading the words in contrast

ai—ei

拜见 bàijiàn—备件 bèijiàn
买卖 mǎimai—妹妹 mèimei
耐心 nàixīn—内心 nèixīn
内外 nèiwài—败北 bàiběi

排队 pái duì—配对 pèi duì
来去 láiqù—雷区 léiqū
来人 láirén—累人 lèirén
暧昧 àimèi—黑白 hēi bái

ao—ou

兆头 zhàotou—后头 hòutou
高大 gāodà—勾搭 gōuda
着急 zháojí—周济 zhōujì
老头 lǎotóu—皓首 hàoshǒu

牢狱 láoyù—楼宇 lóuyǔ
考试 kǎoshì—口试 kǒushì
少数 shǎoshù—手术 shǒushù
漏勺 lòusháo—烤肉 kǎoròu

ua—uo

瓦刀 wǎdāo—卧倒 wòdǎo
挂号 guà hào—国号 guóhào
抓住 zhuāzhù—卓著 zhuózhù
瓜果 guāguǒ—火花 huǒhuā

滑动 huádòng—活动 huódòng
跨步 kuà bù—阔步 kuòbù
刷锅 shuā guō—硕果 shuòguǒ
跨国 kuàguó—倭瓜 wōguā

iao—iu

脚力 jiǎolì—酒力 jiǔlì
聊天 liáo tiān—六天 liù tiān
妙论 miàolùn—谬论 miùlùn
牛角 niújiǎo—要求 yāoqiú

笑话 xiàohua—绣花 xiù huā
桥梁 qiáoliáng—秋凉 qiūliáng
邀约 yāoyuē—优越 yōuyuè
有效 yǒuxiào—校友 xiàoyǒu

ie—üe

页数 yèshù—约束 yuēshù
茄子 qiézi—瘸子 quézi
列国 lièguó—略过 lüèguò
节约 jiéyuē—解决 jiějué

接茬儿 jiē chár—觉察 juéchá
歇业 xiē yè—学业 xuéyè
捏挤 niējǐ—疟疾 nüèji
确切 quèqiè—谐谑 xiéxuè

三、听后写出正确的拼音
Listen and write down the correct initial-final combinations

1. _____ 2. _____ 3. _____ 4. _____

5. _____ 6. _____ 7. _____ 8. _____

9. _____ 10. _____ 11. _____ 12. _____

13. _____ 14. _____ 15. _____

四、听录音，选出正确答案
Listen to the recording and choose the correct answers

1. A. 嫁接 jiàjiē   B. 佳节 jiājié   C. 假借 jiǎjiè   ( )
2. A. 血液 xuèyè   B. 学业 xuéyè   C. 歇业 xiē yè   ( )
3. A. 节略 jiélüè   B. 结业 jié yè   C. 解决 jiějué   ( )
4. A. 郊游 jiāoyóu   B. 旧游 jiùyóu   C. 效尤 xiàoyóu   ( )
5. A. 瓜果 guāguǒ   B. 夸过 kuāguo   C. 花果 huāguǒ   ( )
6. A. 未来 wèilái   B. 味蕾 wèilěi   C. 外来 wàilái   ( )
7. A. 好手 hǎoshǒu   B. 好受 hǎoshòu
   C. 号手 hàoshǒu   ( )
8. A. 漂流 piāoliú   B. 炮楼 pàolóu   C. 飘摇 piāoyáo   ( )
9. A. 海燕 hǎiyàn   B. 黑夜 hēiyè   C. 黑烟 hēiyān   ( )
10. A. 老少 lǎoshào   B. 漏勺 lòusháo   C. 老手 lǎoshǒu   ( )

五、绕口令   Tongue twisters

1. 一只雕，   Yì zhī diāo,
   一树枣。   Yí shù zǎo.
   枣碰雕，   Zǎo pèng diāo,
   雕叼枣。   Diāo diāo zǎo.
   枣碰雕雕碰掉枣， Zǎo pèng diāo diāo pèngdiào zǎo,
   雕叼枣枣掉雕跑。 Diāo diāo zǎo zǎo diào diāo pǎo.

2. 南边过来个瘸子，　　　Nánbian guòlai ge quézi,
　 怀里抱着几个茄子。　　Huái lǐ bàozhe jǐ ge qiézi.
　 路上有一根橛子，　　　Lù shàng yǒu yì gēn juézi,
　 绊倒了南来的瘸子。　　Bàn dǎole nán lái de quézi.
　 撞散了怀里的茄子，　　Zhuàng sǎnle huái lǐ de qiézi,
　 急得瘸子不知道　　　　Jí de quézi bù zhīdào
　 先捡茄子，　　　　　　xiān jiǎn qiézi,
　 还是先拔橛子。　　　　Háishì xiān bá juézi.

3. 风吹灰堆灰乱飞，　　　Fēng chuī huīduī huī luàn fēi,
　 灰飞花上花变黑。　　　Huī fēi huā shàng huā biàn hēi.
　 花匠又吹手又挥，　　　Huājiàng yòu chuī shǒu yòu huī,
　 灰在风里灰又飞。　　　Huī zài fēng lǐ huī yòu fēi.

六、朗读民谣　　Read the ballad aloud

十二月花

正(zhēng)月里没有花儿开，
二月里迎(yíng)春(chūn)花儿照(zhào)楼(lóu)台(tái)，
三月桃(táo)花儿迎风摆(bǎi)，
四月里梨(lí)花儿满(mǎn)树白，
五月石(shí)榴(liu)花儿红似(sì)海(hǎi)，
六月里荷(hé)花儿水里埋(mái)，
七月里芍(sháo)药(yào)花儿放光(guāng)彩(cǎi)，
八月里桂(guì)花儿戴(dài)金(jīn)钗(chāi)，
九月里菊(jú)花儿人人爱，
十月里茉(mò)莉(li)花儿抒(shū)情(qíng)怀(huái)，
冬日里腊(là)月无(wú)花开，
雪里头暴(bào)出梅(méi)花儿来！

第七课

"板凳宽来扁担长"

韵 母（三）Finals (3)

■ 鼻韵母的发音辨证
Pronunciation Differentiation of Nasal Finals

一、诊断测试　Diagnostic test

1. 天苍(cāng)苍(cāng)，野(yě)茫(máng)茫(máng)，风吹(chuī)草(cǎo)低(dī)见(xiàn)牛羊。

2. 万里长城万里长，长城外面是故乡，高粱(liang)肥(féi)，大豆(dòu)香(xiāng)，遍(biàn)地金(jīn)黄(huáng)少遭(zāo)殃(yāng)。

3. 扁(biǎn)圆(yuán)脑(nǎo)袋(dai)细(xì)长身，看图看画最(zuì)认真，牢(láo)牢(láo)盯(dīng)住不移(yí)动(dòng)，只(zhǐ)见脑(nǎo)袋(dai)不见身。

二、介绍　Introduction

1. 鼻韵母　Nasal finals

一个或者两个元音后面带上鼻音韵尾 -n 或 -ng 构成的韵母，叫作鼻韵母，一共有 16 个。

The nasal finals comprise one or two vowels followed with the nasal ends of finals "-n" or "-ng". The sixteen nasal finals are:

an	en	ang	eng	ian	in	iang	ing
uan	un	uang	ueng	ong	üan	ün	iong

2. 鼻韵母的发音特点　The articulation features of the nasal finals

发音时，从前面的元音向后面的鼻辅音自然过渡，逐渐增加鼻音色彩，最后，舌尖往上齿龈移动，抵住上齿龈发 n；或者舌根后缩抵住软腭发 ng。

Make natural the transition from the leading vowel to the following nasal finals, gradually increasing the nasal nature of the voice. Finally move the tongue-tip up toward the upper gum till place it against them to make the sound n; or place the root of the tongue against the soft palate to pronounce the sound ng.

3. 前鼻韵母 n 和后鼻韵母 ng 的分辨

The distinctions between the front nasal final n and the back nasal final ng

（1）读前鼻韵母 n 时，最后舌尖要前伸，抵住上齿龈直到发音结束。发 n 时，开口度较小。前鼻韵母听起来较轻、短，不够响亮。

Stretch the tip of the tongue forward and place it against the upper gum until the sound is finished. The mouth is slightly open. The front nasal final sounds soft, short and light.

（2）读后鼻韵母 ng 时，最后使舌头后缩，抵住软腭直到发音结束。发 ng 时，开口度略大。后鼻韵母听起来较重，较响亮。

Withdraw the tongue and place its back against the soft palate to finish the sound. The mouth is opened wider. The back nasal final sounds louder.

三、词语对比朗读练习

Exercises of reading the words in contrast

an—ang

叛变 pànbiàn—旁边 pángbiān
然后 ránhòu—让后 ràng hòu
翻动 fāndòng—房东 fángdōng
上山下乡 shàng shān xià xiāng

兰花 lánhuā—浪花 lànghuā
满员 mǎnyuán—莽原 mǎngyuán
办公 bàngōng—帮工 bāng gōng
明察暗访 míng chá àn fǎng

in—ing

金色 jīnsè—景色 jǐngsè
民意 mínyì—名义 míngyì
阴雨 yīnyǔ—英语 Yīngyǔ
贫民 pínmín—平明 píngmíng
濒临 bīnlín—冰凌 bīnglíng

林场 línchǎng—领唱 lǐngchàng
新球 xīn qiú—星球 xīngqiú
频繁 pínfán—平凡 píngfán
亲近 qīnjìn—清静 qīngjìng
银杏 yínxìng—硬性 yìngxìng

en—eng

很熟 hěn shú—横竖 héngshù
焖煮 mènzhǔ—盟主 méngzhǔ
晨曦 chénxī—承袭 chéngxí
沉闷 chénmèn—城门 chéngmén
审慎 shěnshèn—神圣 shénshèng
振振有辞 zhènzhèn yǒu cí

本金 běnjīn—绷紧 bēngjǐn
诊治 zhěnzhì—整治 zhěngzhì
温煦 wēnxù—翁婿 wēngxù
身体 shēntǐ—绳梯 shéngtī
分文 fēnwén—风闻 fēngwén
蒸蒸日上 zhēngzhēng rì shàng

uan—uang

传呼 chuánhū—窗户 chuānghu
官场 guānchǎng—广场 guǎngchǎng
专门 zhuānmén—装门 zhuāng mén
宽大 kuāndà—旷达 kuàngdá
环视 huánshì—皇室 huángshì
丸剂 wánjì—忘记 wàngjì
蔚为壮观 wèi wéi zhuàngguān
心胸宽广 xīnxiōng kuānguǎng

四、听录音，选出正确答案

Listen to the recording and choose the correct answers

1. A. 神圣 shénshèng   B. 莘莘 shēnshēn
   C. 婶婶 shěnshen   (   )

2. A. 新星 xīnxīng   B. 信心 xìnxīn
   C. 行星 xíngxīng   (   )

3. A. 影音 yǐngyīn   B. 影印 yǐngyìn
   C. 隐隐 yǐnyǐn   (   )

4. A. 品名 pǐnmíng   B. 贫民 pínmín
   C. 平民 píngmín   (   )

5. A. 亲近 qīnjìn   B. 清净 qīngjìng
   C. 钦敬 qīnjìng   (   )

6. A. 尽心 jìnxīn　　　B. 精心 jīngxīn
   C. 进行 jìnxíng　　　　　　　　　　（　）

7. A. 显眼 xiǎnyǎn　　B. 玄远 xuányuǎn
   C. 嫌怨 xiányuàn　　　　　　　　　（　）

8. A. 浅浅 qiǎnqiǎn　　B. 拳拳 quánquán
   C. 缱绻 qiǎnquǎn　　　　　　　　　（　）

五、听后写出正确的拼音
Listen and write down the correct initial-final combinations

1. _____　2. _____　3. _____　4. _____

5. _____　6. _____　7. _____　8. _____

9. _____　10. _____

六、绕口令　Tongue twisters

1. 小戴(dài)有鸡蛋(dàn)，
   小丹(dān)有口袋(dai)。
   小戴(dài)有鸡蛋(dàn)没口袋(dai)，
   小丹(dān)有口袋(dai)没鸡蛋(dàn)。
   小丹(dān)把口袋(dai)给小戴(dài)装(zhuāng)鸡蛋(dàn)，
   小戴(dài)把鸡蛋(dàn)装(zhuāng)进小丹(dān)的口袋(dai)。
   小丹(dān)帮小戴(dài)，
   小戴(dài)谢小丹(dān)。

2. 望(wàng)江楼，望江流(liú)，
   望(wàng)江楼上望江流(liú)，
   江楼千古(gǔ)，江流(liú)千古(gǔ)；

   印(yìn)月井(jǐng)，印(yìn)月影，
   印(yìn)月井(jǐng)中印(yìn)月影，
   月井万(wàn)年，月影万(wàn)年。

3. 板凳宽来扁担长，　　　　　Bǎndeng kuān lái biǎndan cháng,

扁担没有板凳宽，　　　　　Biǎndan méiyǒu bǎndeng kuān,

板凳没有扁担长。　　　　　Bǎndeng méiyǒu biǎndan cháng.

扁担绑在板凳上，　　　　　Biǎndan bǎngzài bǎndeng shàng,

板凳不让扁担绑在板凳上，　Bǎndeng bú ràng biǎndan bǎngzài bǎndeng shàng,

扁担偏要绑在板凳上。　　　Biǎndan piān yào bǎngzài bǎndeng shàng.

七、朗读诗歌，注意语音语调
Read the poems aloud and pay attention to your intonation

我为(wèi)少(shào)男少(shào)女们歌唱(chàng)
何(hé)其(qí)芳(fāng)

我为(wèi)少男少女们歌唱。
我歌唱早晨(chén)，
我歌唱希(xī)望(wàng)，
我歌唱那些属(shǔ)于(yú)未(wèi)来的事物(wù)，
我歌唱那些正在生(shēng)长(zhǎng)的力量(liàng)。

我的歌啊，
你飞吧，
飞到那些年轻人的心中，
去找你停(tíng)留(liú)的地方。

所(suǒ)有使(shǐ)我像(xiàng)草一样颤(chàn)抖(dǒu)过的，
快乐或美好的思(sī)想，
都变(biàn)成声音，

飞到四面八方去吧，
不管(guǎn)它像(xiàng)一阵(zhèn)微(wēi)风，
或者一片(piàn)阳(yáng)光(guāng)。

轻轻地从我的琴(qín)弦(xián)上，
失(shī)掉(diào)了成年的忧(yōu)伤(shāng)，
我重(chóng)新(xīn)变(biàn)得年轻(qīng)了，
我的血流(liú)得很快，
对于(yú)生活我又充(chōng)满(mǎn)了梦想，充满了希(xī)望(wàng)。

第八课

韵 母（四）Finals (4)

■ 鼻韵母的宽复合与窄复合比较
Pronunciation Differentiation of Nasal Finals

一、诊断测试　Diagnostic test

1. 蝴(hú)蝶(dié)，你真漂亮！肯(kěn)定是你的妈妈给你缝(féng)的衣裳(shang)。可不可以，请你心灵(líng)手巧(qiǎo)的妈妈，也帮我缝(féng)上一件，再安(ān)上一对翅(chì)膀(bǎng)！让我在明媚(mèi)的春(chūn)光(guāng)里，飞向远方。

2. 小凤(fèng)放风筝(zheng)，风筝(zheng)一个倒(dào)栽(zāi)葱(cōng)掉了下来；小芬(fēn)也放风筝(zheng)，风筝(zheng)升(shēng)上了高空。小芬(fēn)帮小凤(fèng)修(xiū)风筝(zheng)，两人一块儿扯(chě)线绳(shéng)，两个风筝(zheng)随风升上了天，高高飘(piāo)在半空中。

二、介绍　Introduction

宽复合和窄复合比较　Contrast between the wide nasals and narrow nasals:
十六个鼻韵母中有七对开口度的宽窄成对比，发音时要注意口腔开合的大小。
Among the sixteen nasal finals, there are seven pairs, in each of which the two finals form a contrast according to the opening of the mouth. In pronunciation, attention should be paid to the opening of the oral cavity.

宽　Wide nasal:　an　ang　ian　iang　uan　uang　üan
窄　Narrow nasal:　en　eng　in　ing　un　ueng　ün

1. an 和 en 的发音差别　　Articulation distinctions between an and en

an、en 发音时，先发前面的元音，软腭渐渐降下来，增加鼻音色彩，舌尖往上齿龈移动，最后抵住上齿龈发 -n。

For both an and en, first sound the preceding vowel. Then lower down the soft palate gradually to increase the nasal feature. Move the tongue-tip up toward the upper gum till it is placed against it to make the sound -n.

发 an 时，发音起点是前低不圆唇元音 a[a]，口型较大；发 en 时，发音起点是央元音 e[ə]，口半闭，唇展开。

For an, the starting articulation point is that of the vowel a[a]. The mouth is wide open and the lips are unrounded. For en, the starting point is that of the vowel e[ə]. The mouth is half shut and the lips are spread.

2. ian 和 in 的发音差别　　Articulation differences between ian and in

发 ian 时，先发后响复元音 ia；发 in 时，先发前高不圆唇元音 i。

To pronounce ian, first sound the compound vowel ia. To pronounce in, first sound the vowel i.

3. ueng 和 un 的发音　　Articulation differences between ueng and un

ueng 发音时，开头的 u 比较窄，ueng 的口型是由小到大。un (uen)发音时，由圆唇的后高元音 u 开始，向央元音 e[ə]滑降，然后升高舌位，发鼻音 -n。

For ueng, the mouth is slightly open to make the beginning sound u. The opening of the mouth varies from being narrow to wide. For un (uen), begin with the vowel u, then lower down the tongue to pronounce the vowel e[ə], and finally lift the tongue to pronounce the nasal -n.

三、词语对比朗读练习

Exercises of reading the words in contrast

an—en

办 bàn—笨 bèn
展 zhǎn—枕 zhěn
残忍 cánrěn
烦闷 fánmèn
单身 dānshēn

翻 fān—分 fēn
版本 bǎnběn
审判 shěnpàn
深蓝 shēnlán
砧板 zhēnbǎn

寒 hán—痕 hén
安分 ānfèn
山珍 shānzhēn
饭盆 fànpén
盘问 pánwèn

ang—eng

旁 páng—朋 péng
当 dāng—灯 dēng
长城 Chángchéng
挡风 dǎng fēng
正常 zhèngcháng

朗 lǎng—冷 lěng
忙 máng—蒙 méng
上升 shàngshēng
膨胀 péngzhàng
昌盛 chāngshèng

刚 gāng—耕 gēng
上 shàng—胜 shèng
章程 zhāngchéng
生长 shēngzhǎng
锋芒 fēngmáng

ian—uan

先 xiān—宣 xuān
眼 yǎn—远 yuǎn
编选 biānxuǎn
轩辕 Xuānyuán
宣言 xuānyán

见 jiàn—卷 juàn
田园 tiányuán
悬念 xuánniàn
圆脸 yuán liǎn
嫌怨 xiányuàn

前 qián—全 quán
眼圈 yǎnquān
偏远 piānyuǎn
原件 yuánjiàn
眷恋 juànliàn

in—un

琴 qín—裙 qún
金 jīn—军 jūn
阴云 yīnyún
禁运 jìnyùn

印 yìn—运 yùn
军心 jūnxīn
云锦 yúnjǐn
寻衅 xúnxìn

新 xīn—熏 xūn
寻亲 xúnqīn
因循 yīnxún
进军 jìnjūn

四、选出听到的拼音

Choose the initial-final combinations you have heard

等

你怎么不来呢？雪已经（róng/lóng/réng）化了，阳光里，流溢(yì)着淡淡的（fēngfāng/fēnfēn/fēngfēng/fēnfāng）。门前的路上，我的目光落(luò)了一（chéng/cén/céng）又一（chéng/cén/céng）。时间在（chénzhòng/chéngzhòng/chénzòng/céngzhòng）地（chuàixī/chuǎnxī/chuǎngxī）。风也没有了（fēngxiàng/fāngxiàng/fāngxiàn）。

我实在太累了，坐下读本书吧。可是，别人的故事，怎能（shuān/shuāi/shuāng）住我的心？我（yuèhèn/yuànhèn/yuànhèng）了，难道一缕（wēnhán/wēihán/wēihén）的

风，就能使你（lěngquè/něnquè/něngqiè/lěngqiè）? 不是早有（xiānyuē/xiāngyē/xiāngyuē/xuānyuē）?（zǐyàn/zhǐyuàn/jǐyuàn/zǐyàn）归来的时候，共同写一首春天的（sīpiān/shīpiē/shīpiān/sīpiē）……

五、听后写出正确的拼音
Lisen and write down the correct initial-final combinations

1._____ 2._____ 3._____ 4._____
5._____ 6._____ 7._____ 8._____
9._____ 10._____

六、绕口令　Tongue twisters

1. 红粉(fěn)墙，
   黄粉(fěn)墙，
   粉(fěn)墙上面画凤(fèng)凰(huáng)。
   红粉(fěn)墙上画黄凤(fèng)凰(huáng)，
   黄粉(fěn)墙上画红凤(fèng)凰(huáng)。

2. 峰(fēng)顶(dǐng)有藤(téng)棚(péng)，
   棚(péng)上挂(guà)铜(tóng)盆(pén)。
   风吹藤(téng)棚(péng)棚(péng)碰(pèng)盆(pén)，
   风吹铜(tóng)盆(pén)盆(pén)碰(pèng)棚(péng)。

七、朗读古诗，注意发音
Read the ancient poem aloud and pay attention to your pronunciation

归(guī)田(tián)园(yuán)居(jū)

陶(táo)渊(yuān)明

少无(wú)适(shì)俗(sú)韵(yùn)，
性(xìng)本爱丘(qiū)山。

误(wù)落(luò)尘(chén)网(wǎng)中,
一去三十年。
羁(jī)鸟恋(liàn)旧林(lín),
池(chí)鱼思(sī)故(gù)渊(yuān)。
开荒(huāng)南野(yě)际(jì),
守(shǒu)拙(zhuō)归(guī)田(tián)园(yuán)。
方宅(zhái)十余(yú)亩(mǔ),
草屋(wū)八九间,
榆(yú)柳(liǔ)荫(yìn)后檐(yán),
桃李罗(luó)堂前。
暧(ài)暧(ài)远人村(cūn),
依(yī)依(yī)墟(xū)里烟(yān)。
狗吠(fèi)深(shēn)巷(xiàng)中,
鸡鸣(míng)桑(sāng)树颠(diān)。
户(hù)庭(tíng)无(wú)尘(chén)杂(zá),
虚(xū)室有余(yú)闲(xián)。
久在樊(fán)笼(lóng)里,
复得返(fǎn)自然(rán)。

第九课

声 调（一）Tones (1)

■ 声调基础 The Basic Knowledge of Tones

一、诊断测试　Diagnostic test

1. 看，下雪了！那一片片，像(xiàng)白色羽(yǔ)毛似(shì)的雪花，打着旋(xuán)儿，轻轻地飘(piāo)落(luò)在大地上。

2. 秋天的果园多么美丽啊！红的是苹果和柿(shì)子，黄的是蜜(mì)橘(jú)和香(xiāng)瓜(guā)，紫(zǐ)的是葡(pú)萄(tao)和李(lǐ)子。

3. 我永(yǒng)远也忘不了那个地方、那些亲(qīn)切(qiè)友好的笑脸、那些温(wēn)暖(nuǎn)人心的话语，还有那些动人的夜晚。

4. 站(zhàn)台上有很多人，每个人都怀(huái)着心事，有的人在匆(cōng)匆(cōng)地道别，而有的人在殷(yīn)切(qiè)地盼(pàn)望着。

二、介绍　Introduction

1. 普通话有四个声调：第一声（阴平55）、第二声（阳平35）、第三声（上声214）和第四声（去声51）。看下图：

   In the standard Chinese, there are four intonation patterns: The first tone (the high and level tone 55), the second tone (the rising tone 35), the third tone (the falling-rising tone 214), and the fourth tone (the falling tone 51). Look at the following diagram.

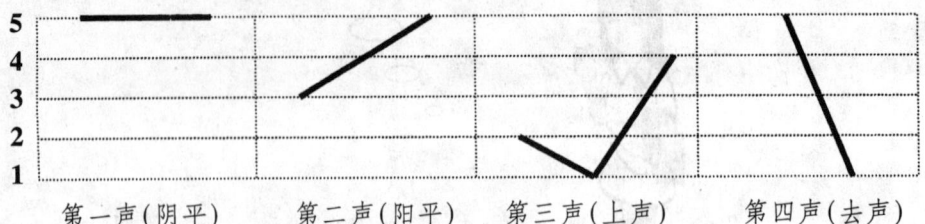

2. 声调有这样一些特点 Features of the four tones

(1) 第一声是高平调，第二声是高升调，第三声是降升调，第四声是全降调。

The first tone is high and level. The second tone goes up. The third tone first falls, then rises. The fourth falls.

(2) 发高音时，声带紧一点；发低音时，声带松一点。

The vocal cords are strained a little to sound a high-pitched voice, and relaxed a little to sound a bass voice.

(3) 四个声调的长短不一样，第三声最长，第四声最短。

The four tones differ in length. The third one is the longest and the fourth one the shortest.

三、四声训练 The four-tone drills

第一声（阴平） The first tone

第一声的调值是55，发音时声带拉紧，声音比较高，而且没有升降的变化。

The tone pitch of the first tone is 55. The vocal cords are strained. The sound is high, without alternating between rising and falling.

发音练习　Pronunciation exercise

精(jīng)心	山西	将(jiāng)军(jūn)
村(cūn)庄(zhuāng)	吸(xī)烟	东风
春天花开	江山多娇(jiāo)	
珍惜(xī)光阴(yīn)	中央(yāng)机(jī)关	

第二声（阳平） The second tone

第二声的调值是35，发音时声带逐渐拉紧，声音从中音3升到最高。发音的起点不应太高，否则后面的音就很难升上去。

Its tone pitch is 35. The vocal cords are gradually strained. The sound rises from the alto-voice 3 to the highest. The starting pitch should not be set too high, otherwise it will be difficult to raise it to a higher level later.

发音练习　　Pronunciation exercises
人民　　　　　　联(lián)合(hé)　　原(yuán)则(zé)
流(liú)行　　　　鱼塘(táng)　　　儿童
牛羊成群(qún)　　严(yán)格(gé)执(zhí)行
竹(zhú)林(lín)乘(chéng)凉(liáng)
蓬(péng)蓬(péng)勃(bó)勃(bó)

第三声（上声）　The third tone

第三声的调值是214，发音时声带先慢慢放松，再很快地拉紧。声音从半低音2慢慢降到低音1，再很快升到高音4。在说话时，很少出现完整的上声基本调值，经常出现的是变化了以后的调值。

Its tone pitch is 214. The vocal cords are first gradually relaxed, then quickly strained. The sound is slowly reduced from the half-bass voice 2 to the bass voice 1, then quickly raised to the high pitch 4. The entire basic pitch of this tone seldom appears in speaking, but the changed pitches often occur.

发音练习　　Pronunciation exercise
勇(yǒng)敢(gǎn)　　　　警(jǐng)醒(xǐng)
打扫(sǎo)　　　　　　理(lǐ)想(xiǎng)美(měi)好(hǎo)
领(lǐng)导(dǎo)允(yǔn)许(xǔ)
每(měi)晚(wǎn)辅(fǔ)导(dǎo)

第四声（去声）　The fourth tone

第四声的调值是51，发音时先拉紧声带，再很快地放松，声音从高音5降到低音1。

Its tone pitch is 51. The vocal cords are first stiffened, then quickly relaxed. The sound goes down from the high pitch 5 to the bass voice 1.

发音练习　　Pronunciation exercise
戏(xì)剧(jù)　　　　　电视(shì)　　　　毕(bì)业(yè)
会议(yì)　　　　　　地道(dào)　　　　注(zhù)意
正在上课　　　　　　创(chuàng)造(zào)　记(jì)录(lù)
正确(què)判(pàn)断(duàn)　胜(shèng)利(lì)闭(bì)幕(mù)

四、朗读练习　Reading-aloud exercises

1. 衣—移(yí)—以—易
   知—直—只—治
   通—同—桶(tǒng)—痛(tòng)
   接—节—姐—借

   低—笛(dí)—底(dǐ)—地
   疵(cī)—词—此—次
   抨(pēng)—朋—捧(pěng)—碰
   因—银(yín)—引(yǐn)—印(yìn)

2. 湖(hú)—虎(hǔ)—互(hù)—呼(hū)
   费(fèi)—飞—匪(fěi)—肥(féi)
   分(fēn)—粉(fěn)—奋(fèn)—焚(fén)
   使(shǐ)—师—时—事

3. 身强(qiáng)体壮(zhuàng)
   理(lǐ)想美好
   春天花开
   集(jí)思(sī)广(guǎng)益(yì)
   万马奔(bēn)腾(téng)

   忠(zhōng)言逆(nì)耳
   豪(háo)情昂(áng)扬(yáng)
   创(chuàng)造(zào)世界
   山明水秀(xiù)

4. 三个朋友来到了纽(niǔ)约(yuē)，在一座高层(céng)旅(lǚ)店租(zū)了一套房间，在第四十五层(céng)楼上。

5. 雨停了，一辆脏(zāng)得不得了的出租(zū)汽车停在一个公园的门口，司机走了出来。

6. 节日里，39%的人去旅行；25%的人与朋友见面；23%的人进行体育活动。

五、标出每个字的声调
Mark the tone of each character

1. 俗话说，东北三件宝：人参、貂皮和鹿茸角。人参是一种五加科多年生草本植物。

2. 中国实行改革开放以来，大批外商和港、澳、台同胞来中国大陆投资办企业。

3. "洋快餐"已形成了一套完整的制作、服务体系，对国内饮食业产生了巨大的冲击。

4. 冷水浴能显著增加白细胞的数量，提高免疫力；有效促进血液稀释，改善血液循环和质量，防止血栓形成。

六、标出下面古诗的声调
Mark the tones of the ancient poems

乌衣巷

朱雀桥边野草花，乌衣巷口夕阳斜。
旧时王谢堂前燕，飞入寻常百姓家。

送杜少府之任蜀川

城阙辅三秦，风烟望五津。
与君离别意，同是宦游人。
海内存知己，天涯若比邻。
无为在歧路，儿女共沾巾。

第十课

声 调（二）Tones (2)

■ 声调训练 Intonation Exercises

一、朗读成语和短语　Read the idioms and phrases aloud

1. 狐(hú)假虎威(wēi)
   日新月异(yì)
   沧(cāng)海桑(sāng)田(tián)

2. 空气新鲜(xiān)的早晨
   穿着咖啡色羊(yáng)皮外衣的中年人
   一盘录着会议内容的磁带
   第23届(jiè)全国大学生运动会
   观看得非常认真仔细
   又兴(xīng)奋(fèn)又激动地说
   美丽得让人吃惊(jīng)
   跑得像是飞起来一样

二、朗读句子　Read the sentences

1. 他把最近的工作安排好了以后，就一个人匆(cōng)匆(cōng)地离开了公司。

2. 在遇到困难的时候，没想到会有那么多素(sù)不相识的人热情地帮助我。

3. 也许是真的，也许只是一个梦，但是我永远也忘不了我们相聚(jù)的日子。

4. 高山不见一寸(cùn)土，平地不见半亩(mǔ)田(tián)，五湖四海没有水，世界各国在眼前。

5. 一般情况下，"先生"是称(chēng)呼(hu)男性(xìng)的，称(chēng)女性(xìng)应该说"女士(shì)"。那么，什么情况下可以称(chēng)女性(xìng)为(wéi)"先生"呢？

三、朗读短文　Read the passages

1. 我现在居(jū)住的地方没有城市的喧(xuān)嚣(xiāo)，能享(xiǎng)受(shòu)到四季不同的自然风光。我熟(shú)悉(xī)周(zhōu)围(wéi)的每一寸(cùn)土地，哪里有野(yě)菜，哪里有小道(dào)，哪里有寺(sì)庙(miào)等等，我都很清楚。我在这里过着恬(tián)静、舒适的生活，真想在这儿过一辈(bèi)子。

2. 每逢(féng)节日亲朋团(tuán)聚(jù)或迎宾(bīn)送友，人们都喜欢开怀畅(chàng)饮(yǐn)，以酒助兴。喝一点酒既能使人精(jīng)神(shén)愉快，又有益(yì)于(yú)健康，已成为人们生活中不可缺(quē)少的饮(yǐn)料(liào)，它不但可使我们得到美味的享(xiǎng)受(shòu)，而(ér)且(qiě)对人类(lèi)文化历史的发展(zhǎn)与交流也起了很大的作用。

3. 我说汉语是迷(mí)人的，首先是因为汉字独(dú)特的写法。我们从小用的是字母文字。这种文字虽然容易写、容易读，可是看不出是什么意思。汉字就不同了，写出来像图画一样，它用图画一样的结(jié)构(gòu)来表达(dá)意思。真了不起！汉字也很美丽，单(dān)独(dú)一个字可以通(tōng)过书法家的手变成一件雅(yǎ)致(zhì)的艺术品。这是字母文字无法做到的。

4. 很久很久以前，人类还没有发明电灯，在漆(qī)黑的夜里，天上的月亮显(xiǎn)得特别明亮。地上的动物在月光下自由(yóu)地活动。大家非常喜爱月亮,他们用动听的歌声、美丽的图画、优(yōu)美的舞姿(zī)表达对月亮的赞(zàn)美。

四、绕口令　Tongue twisters

1. 人是人,任(rèn)是任(rèn),
   名是名,命(mìng)是命(mìng)。
   人名是人名,
   任(rèn)命(mìng)是任命。
   任(rèn)命(mìng)不是人命(mìng),
   人名也不是认名。

2. 史老师讲时事,
   石老师写诗史。
   石老师听史老师讲时事,
   史老师看石老师写诗史。

3. 妞(niū)妞(niu)捉(zhuō)牛(niú),
   牛怕(pà)妞(niū)妞(niu)。
   牛怕妞(niū)妞(niu)扭(niǔ)牛头,
   牛扭(niǔ)牛头躲(duǒ)妞(niū)妞(niu)。
   妞(niū)妞(niu)扭(niǔ)住牛的头,
   牛没办法任(rèn)妞(niū)扭(niǔ)。

五、听录音,选出正确答案

Listen to the recording and choose the correct answers

1. A. jìyú　　　B. jīyù　　　C. jíyú　　　D. jīyú　　（　）
2. A. yǔqì　　　B. yùqí　　　C. yùqī　　　D. yǔqí　　（　）
3. A. dǎdǎo　　B. dádào　　C. dǎdào　　D. dàdào　（　）
4. A. xīnshì　　B. xìnshǐ　　C. xīnshǐ　　D. xìnshì　（　）
5. A. shěngzhǎng　　　　B. shēngzhǎng
   C. shēngzhāng　　　　D. shèngzhàng　　　　　（　）
6. A. qíyù　　　B. qìyù　　　C. qíyù　　　D. qíyǔ　　（　）

7. A. hándōng   B. hàndòng   C. hándòng   D. hǎndòng ( )
8. A. shēnshì   B. shěnshì   C. shēnshí   D. shénshí ( )
9. A. bǐjì   B. bǐjí   C. bìjì   D. bìjī   ( )
10. A. zhìbǎn   B. zhìbàn   C. zhíbān   D. zhǐbǎn ( )
11. A. qíguān   B. qìguǎn   C. qìguān   D. qíguàn ( )
12. A. jīngshen B. jìngshén C. jīngshén D. ìngshēn ( )
13. A. gùshi   B. gǔshī   C. gùshì   D. gǔshí   ( )
14. A. cāiyí   B. cáiyī   C. cǎiyī   D. cǎiyì   ( )
15. A. xīyān   B. xìyàn   C. xǐyàn   D. xǐyán   ( )
16. A. xiǎnshì B. xiànshí   C. xiánshì   D. xiànshì ( )
17. A. liúshī   B. liúshì   C. liùshí   D. liúshí ( )
18. A. zhùyì   B. zhǔyì   C. zhúyī   D. zhǔyi   ( )
19. A. yìndù   B. yǐndù   C. yīndú   D. yǐndú   ( )
20. A. yìzhí   B. yízhì   C. yǐzhì   D. yìzhì   ( )
21. A. jìniàn   B. jǐnián   C. jìnián   D. jīnián ( )
22. A. yìjiàn   B. yìjiān   C. yíjiàn   D. yìjiǎn ( )
23. A. shìyè   B. shīyè   C. shíyè   D. shìyě   ( )
24. A. bǐyí   B. bíyì   C. bǐyì   D. bìyì   ( )
25. A. qíshí   B. qíshì   C. qīshí   D. qìshì   ( )

声调（二）

第十一课

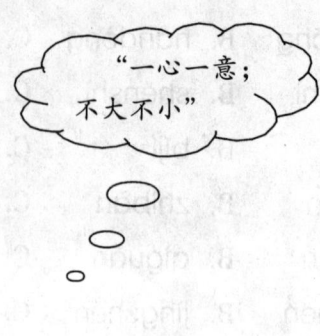

变 调（一） Modulation (1)

■ "一"的变调 Modulations of "yī"

一、介绍　Introduction

"一"在单独念时读第一声（阴平），但用在词句中情况就常常改变了：

"一" is pronounced in the first tone individually, but in words and sentences, its tones vary accordingly in different cases.

1. 单独念或者用在词句末尾，或者表示序数、基数时，读原来的声调第一声（阴平）。例如：

"一" is pronounced in the first tone individually, at the end of words or sentences, or used to indicate cardinals and ordinals. For example,

一、二、三
独(dú)一无二　　　　　专(zhuān)一　　统(tǒng)一
一年级　　　　　　　　一楼
五一劳(láo)动(dòng)节　一九一一年

2. 在第四声（去声）前变成第二声（阳平）。例如：

Before a falling tone, it is changed into the second tone. For example,

一定　　一概(gài)　　一切(qiè)　　一块儿

3. 在非第四声（非去声）前变成第四声（去声）。例如：

It is in the fourth tone before the non-falling tones. For example,

一斤　　一直(zhí)　　一早

4. 在重叠的动词中间变成轻声。例如：
Between two duplicate verbs, it is in the neutral tone. For example,

看一看　听一听　等一等　试一试

二、朗读　Read aloud the following words and phrases

1. 单念、用在词尾、表记数和序数时
   When pronounced individually, at the end of words, or used to indicate ordinals and cardinals

   | 11路车 | 二十一层(céng) | 301号房间 |
   | 庆(qìng)祝(zhù)"六一" | 一流(liú)人才(cái) | 以一当(dāng)十 |

2. 在第四声前　Preceding a fourth tone

   | 一律(lǜ) | 不一定 | 一阵(zhèn)风 |
   | 一意孤(gū)行 | 一触(chù)即(jí)发 | 一路平安 |

3. 在第一声前　Preceding a first tone

   | 一般 | 一边 | 一心 |
   | 一波(bō)三折(zhé) | 一刀两断(duàn) | 一家之言 |

4. 在第二声前　Preceding a second tone

   | 一行 | 一群(qún) | 一层(céng) |
   | 一头雾(wù)水 | 一言不发 | 一如既(jì)往 |

5. 在第三声前　Preceding a third tone

   | 一起 | 一准(zhǔn)儿 | 一把抓 |
   | 一表人才(cái) | 一笔带过 | 一了(liǎo)百了(liǎo) |

6. 在词语中间　In the middle of a word

   | 歇(xiē)一歇(xiē) | 问一问 |
   | | 想一想 |

三、综合练习　Comprehensive exercises

1. 朗读词语，注意"一"的发音
   Read the phrases aloud and pay attention to the pronunciation of "一"

变调（一）

一概(gài)而(ér)论(lùn)
一鼓(gǔ)作气
一见钟(zhōng)情(qíng)
一年到头
一心一意
一板(bǎn)一眼

一技(jì)之长
一见如(rú)故(gù)
一窍(qiào)不通(tōng)
一日三秋(qiū)
一五一十
一面之词(cí)

2. 朗读短文，注意"一"的发音

Read the passages aloud and pay attention to the pronunciation of "一".

(1) 你给了我一朵(duǒ)花，我却相(xiāng)信(xìn)你给了我一座(zuò)花园；你给了我一棵(kē)小草(cǎo)，我却相信你给了我一片(piàn)森(sēn)林(lín)；你给了我一滴(dī)水珠(zhū)，我却相信你给了我一条河流(liú)；你给了我一个微(wēi)笑，我却相信你给了我一首(shǒu)长诗(shī)；你给了我一次拥(yōng)抱(bào)，我却相信，那是你给我的一个世界。

(2) 我们在超(chāo)市里买了一瓶儿啤(pí)酒(jiǔ)、一罐(guàn)儿可乐、一斤苹果、一桶(tǒng)菜(cài)油(yóu)、一包饼(bǐng)干、一盒(hé)儿巧(qiǎo)克(kè)力(lì)、一袋(dài)儿瓜(guā)子、一把剪(jiǎn)刀(dāo)，还给你买了一双拖(tuō)鞋，你来试一试！

(3) 十一点四十一分，我们坐上了611次列(liè)车。这是一次让人难忘(wàng)的旅(lǚ)行，因为一上火车，我就遇(yù)到了一个年轻人。我一不小心碰(pèng)翻(fān)了杯子，泼(pō)了他一身水，我连(lián)忙道(dào)歉(qiàn)，他笑着说："没关系，擦(cā)一擦(cā)就行了。"我抬(tái)头一看：他个子高高的，有一张好看的"国"字脸，一双明亮(liàng)的眼睛，而(ér)且(qiě)他能说一口流(liú)利(lì)的英语，所以我们的交(jiāo)流(liú)完全没有问题。

(4) 今天我一大早就起床了，因为八点一刻我们留学生和中国学生要举(jǔ)行一场排(pái)球比赛。可是八点我一进体育馆(guǎn)就呆(dāi)住了，我是第一个到的吗？为什么体育馆(guǎn)里一个人也没有？我想还有一会儿才比赛呢，我先(xiān)练一练，热热身吧！可是一直(zhí)练到八点半，体育馆(guǎn)还是空(kōng)无一人，这是怎么一回事啊？

■ "不"的变调 Modulations of "bù"

一、介绍　Introduction

1. 单念、词句末尾、非去声前都读原来的声调"不bù"。例如：

It is in the original fourth tone individually, at the end of words or sentences, and before the non-falling tones. For example,

不！　　你为什么说"不"？

不听　　不行　　不好

2. 在去声前读阳平。例如：

It is in the second tone before the falling tone. For example,

不但　　不会　　不去　　不信

3. 在词语中间变成轻声。例如：

In the middle of a word, it is in the neutral tone. For example,

了不起　　吃不消(xiāo)　　看不看　　行不行

二、朗读短语　Read the phrases aloud

不算(suàn)好汉
不大可能
不劳(láo)而(ér)获(huò)
不许说谎(huǎng)
不知好歹(dǎi)
不管(guǎn)不问

不怕(pà)困(kùn)难
不听劝(quàn)告
不管(guǎn)闲(xián)事
不由(yóu)自主
不堪(kān)设(shè)想
不太合适

不大不小
不可多得
不懂外语
不能迟到
不见不散

不相上下
不敢(gǎn)相信
不早不晚
不三不四
不好不坏

变调（二）

57

三、读谜语，猜猜看
Read the riddles and give the answers to them

1. 东一片，西一片，隔(gé)座高山不见面，猜(cāi)不着？请你再听一遍。

2. 水冲(chōng)不走，火烧(shāo)不掉，吃了不会饱，每天少不了。

3. 远看山有色，近听水无声，春去花还在，人来鸟(niǎo)不惊(jīng)。

四、朗读短文，注意"不"的发音
Read the passages aloud and pay attention to the pronunciation of "不"

　　我永远也忘不了那一年夏天的经历。高考过后，一件让我想不到的事情发生了，原本成(chéng)绩(jì)很好的我竟(jìng)然考得很差，不要说上有名的大学了，连普(pǔ)通(tōng)的大学都上不了。我根(gēn)本不相信这是真的，把自己关在房间里整(zhěng)整(zhěng)三天，什么也不吃，什么也不喝，电话也不接，家里的人敲(qiāo)门我也不理。我不知道以后的路应该怎么走，也不愿意看见任何人。这时，爸爸写了一张纸条给我，上面写着："一次考试失败(bài)不表示你的人生失败(bài)，不敢(gǎn)面对失败(bài)的人，永远也不可能取(qǔ)得成功(gōng)。"看了纸条上的话以后，我打开了门，对爸爸妈妈说："我不会让你们失望的，一次失败(bài)打不倒(dǎo)我！"后来，不管(guǎn)遇(yù)到什么样的困(kùn)难，我真的没有再被打倒(dǎo)过。

五、绕口令　Tongue twisters

1. 不怕不会，就怕不学，一次不懂，再听一回，决(jué)不怕累，一直不停到学会。

2. 不听、不想、不说、不问，
   不信、不找、不吃、不睡；
   不大、不小、不多、不少，
   不高、不矮、不晚、不早。

六、看图说话
Give an account according to each of the following pictures

◆ 变调（一）◆

（一）

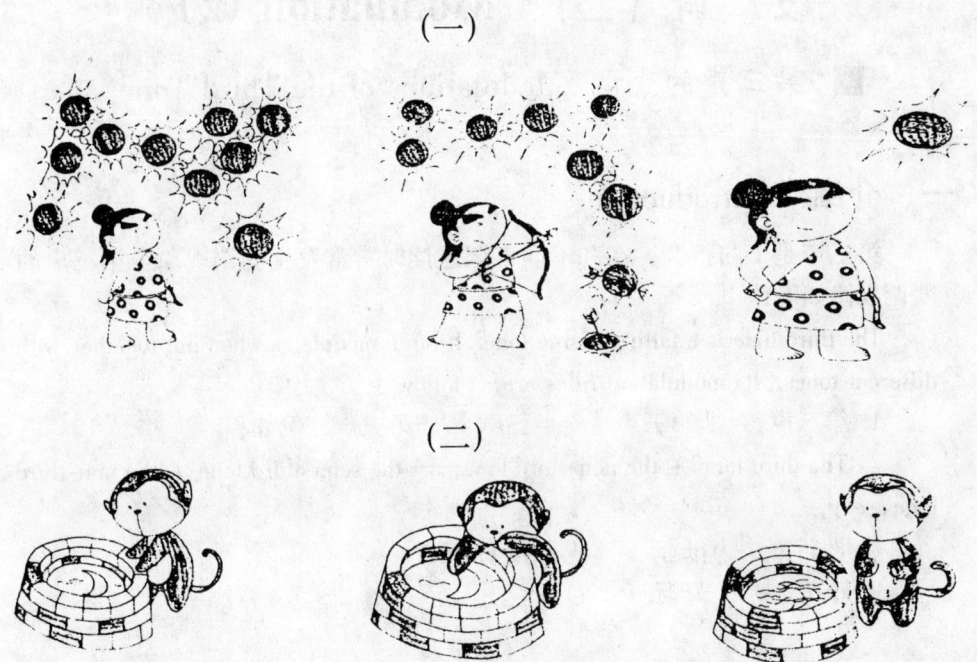

（二）

第十二课

变 调（二） Modulation (2)

■ 第三声的变调 Modulations of the Third Tone

一、介绍 Introduction

第三声是个曲折调，在和不同声调连读时常常发生变调现象。第三声的变调规律如下：

The third tone is a falling-rising tone. It often modulates when put together with different tones. Its modulation rules are as follows:

1. 第三声 + 非第三声──→半三声 + 非第三声，例如：

The third tone + the non-third tone ──→ the semi-third tone + the non-third tone, e. g.

很新　　很忙　　很瘦(shòu)
好听　　好玩　　好意

练习　Exercise

隐(yǐn)瞒(mán)　首次　　　　雨衣　　　简单
网(wǎng)球　　北方　　　　旅行　　　老师
演员　　　　　解(jiě)释(shì)　首都北京　找人打球
改造(zào)土地　普通火车　　　你读我听

2. 第三声 + 第三声──→第二声 + 第三声，例如：

The third tone + the third tone ──→ the second tone + the third tone, e. g.

你好 nǐ hǎo──→ní hǎo　　感慨 gǎnkǎi──→gánkǎi

注：如果三个第三声连在一起，前两个一般读成好像第二声的调值，如：手表厂(shóubiáochǎng)、展览馆(zhánlánguǎn)；或第一个音节变成"半三声"，如：买手表(mǎi shóubiǎo)、好领导(hǎo língdǎo)。

Note: If three third-tones are connected, the first two will be pronounced in the tone pitch much like that of the second tone, as in 手表厂 (shóubiáochǎng) and 展览馆 (zhánlánguǎn); or the first syllable will modulate into a semi-third tone, as in 买手表(mǎi shóubiǎo) and 好领导(hǎo língdǎo).

练习　Exercise

小姐	举(jǔ)手	只有	感(gǎn)染(rǎn)
友好	短打	扫(sǎo)雪	影响(xiǎng)
雨伞(sǎn)	了解	找厂长	表演两场
岂(qǐ)有此理(lǐ)		美好理(lǐ)想(xiǎng)	有老有小

3. 第三声后面如果是轻声音节，其变调有如下一些情况：

If a neutral tone follows the third tone, such modulations occur:

(1) 一般要看它后面的轻声字原来的声调

Generally, modulations depend on the original tone of the third tone.

● 第三声+轻声（原来不是第三声）——半三声+轻声，例如：

The third tone + the neutral tone (originally not a third tone) →the semi-third tone + the neutral tone, e.g.

　　眼睛　　里头　　扁担　　点心

● 第三声+轻声（原来是第三声）——第二声+轻声，例如：

The third tone + the neutral tone (originally a third tone) →the second tone + the neutral tone, e.g.

　　找找　　洗洗

(2) 还有两个特殊情况　There are two special cases:

● 第三声+"子"（轻声）——半三声+"子"（轻声），例如：

The third tone + "子" (a neutral tone) —— the semi-third tone + "子" (a neutral tone), e.g.

　　椅子　　里子　　曲子

● 亲属的称呼中第三声的重叠——半三声+轻声，例如：

The duplicate third-tone forms of address for relatives —— a semi-third tone + a neutral tone, e.g.

　　奶奶　　婶婶

二、朗读词语　Read aloud the following words and phrases

起床　　启(qǐ)发　　给(jǐ)养(yǎng)　　冷水　　海边
马路　　美丽　　可以　　　　　　　　洗手间　海产(chǎn)
姥姥　　选举(jǔ)权　漂(piǎo)白粉(fěn)　副(fù)厂长
原(yuán)子笔　　游览(lǎn)北京
楚(chǔ)楚(chǔ)可怜(lián)　　各国首脑
狐(hú)假(jiǎ)虎(hǔ)威(wēi)　　卷(juǎn)土(tǔ)重(chóng)来
可喜可贺(hè)　　　　　　　　难以解(jiě)释(shì)
井(jǐng)底(dǐ)之(zhī)蛙(wā)　　绝(jué)无仅(jǐn)有
心灵(líng)手巧

三、朗读句子　Read the following sentences aloud

1. 九五年我们还见过两次面，一次他请我到酒馆饮(yǐn)酒谈心，一次我们一起去看展(zhǎn)览(lǎn)。那以后，我也不晓(xiǎo)得(de)他到底(dǐ)去了哪儿。

2. 对于(yú)是否(fǒu)引进他们的新产品，我们短期内(nèi)难以决定，虽然经(jīng)过几次讨论(lùn)，最(zuì)后还是不了(liǎo)了(liǎo)之(zhī)了。

3. 看这天边的晚霞(xiá)，仿(fǎng)佛(fú)是天边涌(yǒng)起的红色海浪(làng)，一层(céng)一层(céng)，把整(zhěng)个天空都染(rǎn)红了。

4. 她长得很好：满(mǎn)月似(shì)的脸，闪(shǎn)亮的黑眼睛，粉(fěn)红色的脸颊(jiá)。加上一口软(ruǎn)软(ruǎn)的苏(sū)州(zhōu)话，非常引(yǐn)人注(zhù)意。

四、朗读短文　Read aloud the passage

　　李白是中国古代有名的诗(shī)人，可是他小时候很不喜欢学习，常跑出去玩儿。有一天，小李白看见一位老媪(ǎo)在磨(mó)一根(gēn)铁(tiě)杵(chǔ)，他感到很奇怪。就忍(rěn)不住问："老奶奶，您在做什么？"老人回答说："我想要一根(gēn)绣(xiù)花针(zhēn)，所以我得(děi)努力地磨(mó)这根(gēn)铁(tiě)杵(chǔ)。"小李白觉得很好笑，说："把铁(tiě)杵(chǔ)磨(mó)成针(zhēn)？那可需要很长时间啊！"老人说："是啊，很久很久以前我就开始磨(mó)了，只要我每天都努力地磨(mó)，总有一天，铁(tiě)杵(chǔ)也能磨(mó)成针！"小李白已经听懂了老人的意思，他知道如果自己一直不努力，就不可能取(qǔ)得成功。从此以后，小李白的想法完全改变了。

■ 其他变调情况　Other Cases of Modulation

一、三音节连续　A liaison with three syllables

普通话三个音节连读时，如果中间音节是第二声，也可能产生变调。

In a liaison with three syllables, if the middle syllable is in the second tone modulation would probably occur.

第一声　　　　　　　第一声
　　　+ 第二声 +
第二声　　　　　　　第四声

这时，因为前面的调尾和后面的调头音值都比较高，如果读得快，中间的第二声可能受到影响，变成近似于 55 的调值。例如：

In this case, because the end of the previous pitch and the beginning of the following pitch are comparatively high, if they are pronounced fast, the second tone in the middle may be influenced and approximately become the tone pitch 55. For example,

留学生　　　　　擦(cā)皮(pí)鞋
葡(pú)萄(táo)干(gān)　英文系(xì)
回旋(xuán)音　　新学制(zhì)
金(jīn)银(yín)器(qì)　签(qiān)协(xié)议(yì)

二、"七"和"八"　"七" and "八"

"七""八"都是第一声，用在第四声前面时，可以变调读第二声。例如：

"七" and "八" are both in the first tone. If they precede a fourth tone, they will be modulated into the second tone. For example,

七上八下　　　七窍(qiào)生烟
威(wēi)风八面　七零(líng)八落(luò)

三、形容词叠用　　The duplicated adjectives

1. 有的单音节形容词叠用时，第二个字儿化，那么第二个字变成第一声。例如：

In some single-syllable duplicated adjectives, the second adjective will be changed into the first tone, if it is a retroflex final. For example,

远远儿　　好好儿　　慢慢儿

2. 有时双音节形容词叠用或者在某些特殊情况下，第二个字变成轻声，后面两个字都读第一声。例如：

Sometimes in the bisyllabic duplicated adjectives or in some special cases, if the second character changes into a neutral tone, the following two characters will be modulated into the first tone. For example,

别(biè)别(bie)扭(niū)扭(niū)　　暖暖和和
糊(hú)里糊(hū)涂(tū)　　舒舒服服　　漂漂亮亮

第十三课

◆ 轻声 ◆

轻　　声　The Neutral Tone

一、介绍　Introduction

1. 什么是轻声　What is the neutral tone?

所谓"轻声"并不是第五个声调，而是四声的一种变调。"轻声"就是在一定条件下读得又轻又短的调子。

The neutral tone is not the fifth tone, but a changed form of the four tones. It is a tone pronounced lightly and shortly on certain conditions.

一般来说，任何一种声调的字，在一定的条件下，都可以失去原来的声调，变成轻声。例如："头发(fa)、枣(zǎo)子、来过"，这些词语里的轻声"发、子、过"，在它们单独念的时候都有它们自己的声调：发 fà、子 zǐ、过 guò。

Generally, a character, whatever its tone, may, under certain circumstances, lose its original tone and be pronounced in the neutral tone. For example, in words "头发(fa)，枣(zǎo)子(zi)， 来过(guo)"，"发，子，过" are all in the neutral tone, but they are originally pronounced 发 fà，子 zǐ，过 guò as single characters.

轻声总是出现在其他音节后面，或是夹在词语中间，不会出现在一个词或一句话的开头。

The neutral tone always follows other syllables or appears in the middle of words, but never at the beginning of a word or a sentence.

2. 轻声的音高是多少　What is the pitch of the neutral tone?

轻声没有一定的音高，它的音高和前面的一个音节有关系。读一读，体会一下：

The pitch of the neutral tone is not definite, but has something to do with the previous syllable. Practise the following to get some idea.

(1) 在第一声后面　Following a first tone：金(jīn)子、哥哥、山上。

(2) 在第二声后面　Following a second tone：裙(qún)子、馒(mán)头、瓶(píng)子。

(3) 在第三声后面　Following a third tone：想头、起子、我们。

(4) 在第四声后面　Following a fourth tone：世(shì)上、地方、院(yuàn)子。

3. 什么时候读轻声　When does the neutral tone occur?

一般来说，新词、科学术语中没有轻声音节，口语中的常用词才有读轻声音节的。下面是汉语中常读轻声的一些情况：

Generally speaking, in new terms and scientific terms, there are no syllables sounded in the neutral tone. It usually appears in the everyday spoken Chinese. The following are the cases in which the neutral tone often occurs.

(1) 助词"的、地、得、了、着、过"和语气词"吧、吗、呢、啊"等等。例如：

Auxiliaries "的，地，得，了，着，过" and modal particles "吧，吗，呢，啊" etc., e. g.

新来的（职〈zhí〉员）　　激(jī)动地（说）　　学得（很努力）

在门口站着　　　　　　以前去过　　　　　　看完了

老师呢　　　　　　　　多美啊　　　　　　　走吧

(2) 叠音词和动词的重叠形式后头的字，还有夹在重叠动词中间的"一"或者"不"。例如：

The latter character in a duplication or in a verb in the reduplicative form; "一" or "不" put between the two reduplicative verbs, e. g.

爸爸　　　　姐姐　　　　叔叔　　　　宝(bǎo)宝(bao)

等等　　　　看看　　　　星(xīng)星　　找找

商量商量　　打听打听　　介绍介绍

试一试　　　好不好

(3) 构词用的虚语素"子、头"和表示多数的"们"等等。例如：

The form words "子" and "头" for word-building and "们" indicating multitude, e. g.

裤(kù)子　　带(dài)子　　石(shí)头　　　馒(mán)头

木(mù)头　　我们　　　　朋友们　　　　人们

注意：在"原(yuán)子、男子、长(zhǎng)子、鱼头"中的"子、头"都是实语素，不读轻声。

Note: In the words "原子，男子，长子，鱼头"，"子" and "头" are notional words and not sounded in the neutral tone.

(4) 用在名词、代词后面表示方位的语素或词。例如：
The characters or elements following nouns or pronouns to indicate directions and positions, e. g.

墙(qiáng)上　　脸上　　　山下　　　箱子里
左边　　　　　那边　　　外面　　　前面

(5) 用在动词、形容词后面表示趋向的词"来、去、起来、下去"等。例如：
The words like "来，去，起来，下去", which follow verbs and adjectives to indicate directions, e. g.

拿来　　　　进来　　　　出去　　　　回去
站起来　　　拿出来　　　找回来　　　说下去

(6) 动词后面的某些结果补语。例如：
Some complements after verbs, which indicate consequences, e. g.

走开　　　　站住　　　　锁(suǒ)上
遇(yù)到　　抓住　　　　带上书

(7) 量词"个"常读轻声。例如：
The measure word "个", e. g.

几个人　　好些个　　说个事　　一个小时

(8) 有一批常用的双音节词，第二个音节习惯上要读轻声。例如：
The second syllable of a group of everyday bi-syllabic words, e. g.

护士　　　事情　　　东西　　　　　　窗户
消息　　　知识　　　招(zhāo)呼(hu)　清(qīng)楚(chu)

4. 轻声有什么作用　What are the functions of the neutral tone?
轻声和词汇、语法有非常重要的关系。
The neutral tone is closely related to vocabulary and grammar.

(1) 轻声可以区分一部分词的意义。例如：
The neutral tone can distinguish the meanings of some words, e. g.

孙子(zǐ)——孙子(zi)　　本事(shì)——本事(shi)
地方(fāng)——地方(fang)　虾籽(zǐ)——瞎(xiā)子(zi)

龙头(tóu)——笼(lóng)头(tou)　孢(bāo)子(zǐ)——包子(zi)

(2) 有时区别了意义，也区别了词性。例如：
Sometimes the neutral tone can differentiate the parts of speech as well as meanings, e. g.

大意(yì)（名词）——大意(yi)（形容词）
利(lì)害(hài)（名词）——利害(hai)（形容词）
地道(dào)（名词）——地道(dao)（形容词）

二、轻声朗读练习
Reading-aloud exercises of the neutral tone

1. 第一声 + 轻声字

| 叔叔 | 妈妈 | 芯(xīn)子 | 桌上 |
| 知道 | 新鲜(xian) | 跟头 | 蹲(dūn)下 |

2. 第二声 + 轻声字

| 舌(shé)头 | 桃(táo)子 | 银(yín)的 | 爷爷 |
| 头发 | 蘑(mó)菇(gu) | 云彩(cai) | 葡(pú)萄(tao) |

3. 第三声 + 轻声字

| 里头 | 本子 | 婶(shěn)婶 | 早上 |
| 躺下 | 女的 | 脑(nǎo)袋(dai) | 牡(mǔ)丹(dan) |

4. 第四声 + 轻声字

| 木(mù)头 | 句子 | 坐下 | 画上 |
| 试试 | 旧(jiù)的 | 力量(liang) | 应付(fu) |

三、朗读短语　Read the phrases aloud

窗户玻(bō)璃(li)　　谁的本子　　　　背上包袱(fu)
屋子干净　　　　　谁的孩子　　　　记得名字
明白道(dào)理(li)　　银(yín)的瓶(píng)子　打扫哪里
喜欢早上　　　　　打扮(ban)好了　　找到地方
过去看看　　　　　谢谢舅(jiù)舅(jiu)　　记下故(gù)事
坐在树下　　　　　修(xiū)修椅子　　　什么样子

四、画出文章中的轻声字

Underline the characters in the neutral tone in the article

我说道："爸爸，你走吧。"他往车外看了看，说："我买几个橘子去，你就在此地，不要走动。"我看那边月台的栅栏外有几个卖东西的等着顾客。走到那边月台，须穿过铁道，须跳下去又爬上去。父亲是一个胖子，走过去自然要费事些。我本来要去的，他不肯，只好让他去。我看见他戴着黑布小帽，穿着黑布大马褂，深青布棉袍，蹒跚地走到铁道边，慢慢探下身去，尚不大难。可是他穿过铁道，要爬上那边月台，就不容易了。

摘自朱自清《背影》

◆轻声◆

第十四课

儿化音　　The Retroflex Finals

一、介绍　　Introduction

1. 什么是儿化音　What is a retroflex final?

"儿化"指的是后缀"儿"和它前一音节的韵母结合成一个音节，并使这个韵母带上卷舌音色的一种特殊的音变现象。例如：

"儿化" refers to a special modulation phenomenon that the suffix "儿" combines with the final of its previous syllable to form a new syllable and at the same time gives the final a flavor of retroflexions. For instance,

花──→花儿　　味──→味儿

注意　Notes：

(1) 在汉语书面语里，这个"儿"字常不写出来。

In the written Chinese, the character "儿" usually does not appear.

(2) 不要见到词语末尾有"儿"就读儿化音，因为"儿"有时是独立的音节，例如：女儿、心儿。

Not every character "儿" at the end of a word is used to form a retroflex final, because sometimes 儿 is an independent syllable. For instance, 女儿 and 心儿.

2. 儿化音有什么作用　What are the functions of the retroflex finals?

(1) 表示细、小、轻、微的性质或者形状：

To indicate smallness, thinness, and lightness:

小孩儿　　　　小事儿　　　一会儿　　　　一下儿
小球(qiú)儿　小鸟儿　　头发丝(sī)儿　小船(chuán)儿

(2) 表示亲切或者喜爱的感情　To express affection or cordiality:

好玩儿　　　　　　有趣儿　　　美丽的花儿
红嘴唇(chún)儿　老头儿

(3) 区别词义　To distinguish the meanings of words:

头——头儿　　　　眼——眼儿　　　　信——信儿

(4) 区别词性　To differentiate the parts of speech:

● 动词——→名词　　v——→n

花——花儿　　盖(gài)——盖(gài)儿　　画——画儿

● 形容词——→名词　　adj——→n

尖(jiān)——尖(jiān)儿　准(zhǔn)——准(zhǔn)儿
干(gān)——干(gān)儿

3. 儿化音在不同情况下的发音

Articulation of the retroflex finals in different cases

(1) 韵母为 a、o、e、u、ia、ua、ao、ou、uo、iao、iou 等，儿化时，韵母基本不变，只在发音时卷舌：

If the final of the previous syllable is a, o, e, u, ia, ua, ao, ou, uo, iao, or iou, pronounce the retroflex final with the original one unchanged, only curling up the tongue-tip.

红花儿　　　　下坡(pō)儿　　唱歌儿　　　没油(yóu)儿
小芽(yá)儿　甜瓜(guā)儿　钱包儿　　　找活(huó)儿
小说儿　　　小鸟(niǎo)儿　打球(qiú)儿

(2) 韵母为 i 或 ü，儿化时，韵母变成[ər]，加上卷舌：

If the final is i or ü, pronounce it as [ər] and curl up the tongue-tip.

彩(cǎi)旗(qí)儿　小米儿　书皮(pí)儿　小鱼儿　小曲(qǔ)儿

(3) 韵母为-i [ʅ] [ɿ]，儿化时，原来的韵母变成[ər]，加上卷舌：

If the final is -i [ʅ] [ɿ], pronounce it as [ər] and curl up the tongue-tip.

瓜(guā)子儿　　树枝(zhī)儿　　果汁(zhī)儿　　写字儿
小事儿　　　　粉丝(sī)儿

(4) -i 或 -n 作韵尾，儿化时，失去韵尾，主要元音加上卷舌：
If the final-end is -i or -n , leave it out, pronounce the main vowel, and curl up the tongue-tip.

小牌(pái)儿　　笔记本儿　　一块儿　　　　酒馆儿
左边儿　　　　一点儿　　　没准(zhǔn)儿　　背(bèi)心儿

(5) -ng 作韵尾的，儿化时，失去韵尾，前面的韵母鼻化，加上卷舌：
If the final-end is -ng, leave it out, nasalize the rest of the final, and curl up the tongue-tip.

帮忙儿　　　信封儿　　　花瓶儿　　　　板凳(dèng)儿
蛋(dàn)黄(huáng)儿　　微(wēi)风儿

二、朗读句子　Read the sentences aloud

1. 不知从哪儿跑来许多小孩儿，他们扎成堆(duī)儿，在那儿过家家儿，玩得可高兴了。

2. 今天去市场买了饺子皮儿、肉馅(xiàn)儿、豆(dòu)角(jiǎo)儿、小青(qīng)菜儿和一包炒(chǎo)瓜子儿。

3. 有的人在唱歌儿，有的在聊天儿，有的在打扑(pū)克(kè)儿、一会儿小车儿就来了。

4. 足球在书桌儿下边儿，凉席(xí)儿在床单儿上边儿，书本儿和信封儿在柜子里边儿。

5. 在饭馆儿里边儿，我们点了一个辣(là)子鸡丁儿、一个香茹(gū)菜心儿、一个炒(chǎo)肉片儿。

三、表演相声　Perform the cross talk

儿　化

熊增林

甲：学汉语的时候，发音和声调最重要了。
乙：说得对。
甲：比如，汉语里的儿化，就需要特别注意。
乙：什么儿化呀？

甲：比如说，在外面见到你了："小孩儿，上哪儿玩儿去呀？"
乙：我怎么成小孩儿了？
甲：举(jǔ)例子嘛，不是真的。
乙：好。再来一次。
甲："小孩儿，上哪儿玩儿去呀？"
乙："我上胡(hú)同(tòng)口儿买一根(gēn)儿冰棍(gùn)儿。"
甲：你看，这里头的"小孩儿、哪儿、玩儿、口儿、根(gēn)儿、棍(gùn)儿"都儿化了。
乙：这就是儿化呀！我看不用儿化也行。
甲：恐(kǒng)怕(pà)不行。
乙：怎么不行？
甲：好。我们再表演(yǎn)表演(yǎn)。
乙：开始吧。
甲："小孩！"
乙：听起来有点儿奇怪。
甲："你上哪玩去呀？"
乙：你的舌(shé)头好像(xiàng)有点大。"我上胡(hú)同口买一根(gēn)冰棍(gùn)。"
甲：好大的冰棍(gùn)——少说也有这么长。
乙：听着是不舒服。儿化音既(jì)然这么好听，说话的时候，干嘛(má)不都儿化呀？
甲：都儿化也不行。
乙：都儿化怎么不行？
甲：好，我问你："你是哪国人儿？"
乙：我是……人儿。
甲：昨天去了哪儿？
乙：去了天安门儿。
甲：几个人去的呀？
乙：大伙(huǒ)儿一块儿去了那儿！

◆ 儿化音 ◆

第十五课

语　调　Intonation

一、介绍　Introduction

如果想说一口地道的汉语，除了要注意每个字的发音以外，还要注意句子的语调。因为语调的轻重缓急可以帮助句子表达思想和情感。同样的两个句子，语调不同，给人的感受就会有很大的不同。例如：

To speak idiomatic Chinese requires the attention to the sentence intonation as well as the pronunciation of every character. The variation in the intonation can help convey thought and emotions. Two identical sentences with different intonation make different impressions on listeners. For example,

(1) 没人去。（用降调，讲述事实　using the falling intonation to state a fact）

(2) 没人去？（用升调，表惊讶　using the rising intonation to express surprise）

二、重音　Sentence stresses

句子中常有需要强调的部分，读这些部分时就要把发音延长、音量加大、强度增加，引起听者的注意。例如：

In sentences, often there are some parts to be emphasized. Reading out these parts requires to prolong the pronunciation, raise the volume and increase the intensity to attract the listeners' attention. For example,

(1) 我是韩国人，不是日本人。
    我是韩国人，他是日本人。

(2) 谁知道他去哪儿了？
    谁知道他去哪儿了？

(3) 我要红的。
    我要红的。

(4) 她跟小周一起离开了。
    她跟小周一起离开了。

(5) 这件衣服是在南京买的。
    这件衣服是在南京买的。

读下面的句子，注意句中的重音

Read the following sentences alond and pay attention to the sentence stresses

1. 我不姓黄，我姓王。
2. 别忘了给我买一本12月的《美好家庭(tíng)》啊！
3. 他们今天就走，我明天再走。
4. 她什么也不想吃。
5. 谁在楼下唱歌呢？
6. 我是一个小时以前来的。
7. 哥哥想买的球衣就是那件红色的。
8. 这封信贴(tiē)八毛钱邮票，那封贴(tiē)两块。
9. 如果你真的想去，那你就去吧。
10. 我们确(què)实(shí)不知道发生了什么事情。

三、停顿　　Pauses

句子一般根据标点符号来停顿；在一个没有标点符号的长句子中，就要以句子中的语法结构或者句子要强调的内容来决定如何停顿。例如：

Sentences pause in accordance with punctuations. In the case of a long sentence without punctuations, it is the gramatical structure and the emphasized parts that decide where to pause. For example,

(1) "爸爸，妈妈她出去了。"
    "爸爸、妈妈，她出去了。"

(2) 他不知道，谁知道？
他不知道谁知道？

(3) 请住在留学生宿舍的同学在一楼集(jí)中。

(4) 他是明知道会失败(bài)还要坚(jiān)持(chí)到底(dǐ)的那种人。

(5) 你看起来像(xiàng)刚喝过一大瓶60度(dù)白酒似(shì)的。

读下面的句子，注意停顿
Read the following sentences aloud and pay atenttion to the pauses

1. 从来到南京师范(fàn)大学的那一天起他就下定决心要更加努力地学习。

2. 我们昨天去和平电影院看了一个讲中国唐(táng)朝(cháo)历史的电影。

3. 去南京博(bó)物(wù)馆(guǎn)参观的同学明天下午两点在宿舍楼门口等校车。

4. 那个站在王老师左边穿着颜色有点旧(jiù)的黄色夹(jiá)克(kè)的男人就是王老师的哥哥。

5. 你想借的《汉语语法大词典》就放在书架第三层（céng)《中国历史》的旁边。

四、句调　The sentence pitches

1. 正常的语调：（短句语调几乎没有变化；长句语调渐降）
The normal pitch: (The pitch seldom changes in short sentences, but it gradually falls in long sentences.)

(1) 我们都是大学生。
(2) 在山的后面有一个美丽的小村庄(zhuāng)。
(3) 一个个子高高的、头发长长的女老师走进了教室。

2. 低调：（严肃、遗憾、赞叹等）
The low pitch: (Expressing seriousness, regret, admiration, etc.)

(1) 弄虚(xū)作假(jiǎ)的人一定不会有好结果。
(2) 现在这件事情一点希(xī)望(wàng)也没有了。
(3) 这位老人真可怜(lián)啊!

3. 中调，慢速：（轻松、随意、平静等）
　The medium pitch at low speed: (Expressing lightness, ease, calmness, etc.)
(1) 这里有很多不同颜色的，你慢慢挑(tiāo)吧。
(2) 早一点儿也行，晚一点儿也可以，随便。
(3) 你们别紧(jǐn)张，别担心，不会出问题的。

4. 高调：（高兴、激动、追问、强调等）
　The high pitch: (Expressing pleasure, excitement, close inquiry, emphasis, etc.)
(1) 我们队赢(yíng)了! 太好了! 太棒(bàng)了!
(2) 哥哥明天就要从国外回来了!
(3) 七点一刻，别忘了啊，七点一刻!

5. 特高调：（强烈不满、非常不耐烦）
　The super-high pitch: (Expressing the strong dissatisfaction or extreme impatience)
(1) 一点儿小事说了半天，你烦(fán)不烦(fán)啊!
(2) 你说什么? 你敢(gǎn)再说一遍!
(3) 她怎么能那么自私(sī)呢!

读下面的句子，注意句调
Read the following sentences aloud and pay attention to the sentence pitches

1. 你别说了! 你已经做错了，再解(jiě)释(shì)又有什么用呢?

2. 真的是你吗? 太好了! 你什么时候回来的?

3. 坐一会儿吧，有什么话慢慢说，别着(zháo)急(jí)。

4. 这本书的内容非常有意思，你一定要读一读!

5. 我干嘛要跟他道歉(qiàn)? 我觉得我做的是对的。

6. 这个时候再想改(gǎi)变(biàn)计(jì)划(huà)已经太晚了。

7. 叔叔无论自己有多大的困(kùn)难，都会十分热情地帮助别人的。
8. 她在遇(yù)到危(wēi)险(xiǎn)的时候先想到别人，真了(liǎo)不起啊！
9. 你们到底(dǐ)在干什么？一点儿小事做了半天还没做完。
10. 又麻(má)烦(fan)您，真不好意思，不知道怎么感谢您才好。

五、朗读短文，注意语调
Read aloud the passages and pay attention to your intonation

此地无(wú)银(yín)三百两

老王做生意挣(zhèng)了三百两银(yín)子。因为这是他第一次有这么一大笔钱，所以他和太太紧(jǐn)张得不得了，老担心银(yín)子被小偷(tōu)偷(tōu)走。

老王："银子藏(cáng)在哪儿才最安全、最不容易被别人发现呢？"

太太："藏在柜子里，柜子上加一把大铁(tiě)锁(suǒ)！"

老王："不行不行，小偷一定能猜(cāi)到银子在柜子里！"

太太："那就藏(cáng)在床底下！"

老王："咱们怎么能把那么多银子随便丢(diū)在床底下呢？"

太太："怎么办呢？我们把银子埋(mái)在花园里，这样肯(kěn)定没人知道。"

老王："好主意，亲爱的，你最聪明了！"

夜里，他们看看四周(zhōu)无人，就悄(qiāo)悄(qiāo)地把银子埋(mái)在了自己家的花园里。正打算离开的时候，老王又担心起来，"会不会有人猜到这地方埋着银子呢？"

太太一听，也愁(chóu)眉(méi)苦(kǔ)脸地说："是啊，那可说不定。"

老王突然想到了一个好办法，他说："哎(āi)呀(yā)！我们在埋(mái)银子的地方插(chā)个牌(pái)子，上面写

'此地无银三百两'，一定没人想得到。"

第二天，隔(gé)壁(bì)邻(lín)居(jū)阿二看见了牌(pái)子，大笑起来，说："老王真是个大笨蛋(dàn)！"他趁(chèn)老王和太太出门的时候，把钱偷走了。阿二也在那个地方插(chā)了一个牌(pái)子，然后很得意地说："我这样做，老王就不会怀(huái)疑(yí)我了！"

老王和太太回来以后一看，一齐大叫起来："糟了，银子不见了！"

地上插着一个牌子，上面清楚地写着："隔壁阿二没有偷。"

◆ 语 调 ◆

六、自由讲述　　Give a free account

要求：1. 至少6个句子；

2. 体现某一种情绪，如：高兴、激动、难过、生气等等。

参考答案
Key to the Exercises

◆ 第一课

二、介绍

3. (1) r　(2) m　(3) n　(4) l

四、听后写出正确的拼音

1. 制造厂　　2. 第七题　　3. 词曲作者　　4. 辞职报告
5. 挑战自己　6. 可歌可泣　7. 朝气蓬勃　　8. 平淡普通
9. 不卑不亢　10. 自始至终

◆ 第二课

四、听后写出正确的拼音

1. 揣测心思　2. 种族政策　3. 知足常乐　4. 政治制度
5. 抒情诗歌　6. 传诵四方　7. 丝绸制品　8. 自给自足

五、听录音，选出正确答案

1. 赞成　2. 姿势　3. 租子　4. 测字
5. 十四　6. 促使　7. 仓促　8. 散场

第三课

四、写出正确的拼音

1. rán méi zhī jí　　　2. jí zhōng shēng zhì
3. jí wéi jīng zhì　　4. xī shì zhēn bǎo
5. cēn cī bù qí　　　6. biān zhì chéng xù
7. zhī shi jīng jì　　8. shén xiān juàn lǚ

六、听录音，选出正确答案

1. 即使　2. 起见　3. 重视　4. 起初　5. 庆幸
6. 举行　7. 嫁接　8. 学子　9. 极其　10. 喘气

第四课

浊擦音 r 与边音 l 的分辨

四、写出听到的拼音

1. 在公共汽车上，应该主动给<u>老</u>　<u>弱</u>病残<u>让</u>座。
2. 教授现在很疲<u>劳</u>，别<u>老</u>来打<u>扰</u>他。

3. 他<u>仍</u> <u>然</u> <u>屡</u> 教不改，就该受到惩罚。
4. 在画上，把树 <u>染</u> <u>绿</u>，<u>然</u> 后，把大海染 <u>蓝</u>。
5. 虽 <u>然</u> 他老多了，可是我 <u>仍</u> 觉得他的演唱 <u>热</u> <u>力</u> 四射。

鼻音n和边音l的分辨

四、听后写出正确的拼音
  1. 南宁 2. 农奴 3. 呢喃 4. 老年 5. 连年
  6. 年龄 7. 琉璃 8. 留恋 9. 脑力劳动 10. 流年不利

五、标出声母(n或l)
  <u>n</u> íng <u>l</u> ǎo <u>n</u> óng <u>n</u> iè <u>n</u> iǔ <u>l</u> iù <u>n</u> iē
  <u>n</u> ī <u>l</u> ǎn <u>l</u> ì <u>n</u> uò <u>n</u> uǎn

第五课

二、e和o的发音
  3. 听后写出正确的拼音
  鹅、鹅、鹅，曲项向天歌。
  白毛浮绿水，红掌拨清波。

四、i和ü的发音
  2. 听录音，选出正确答案
  (1) 碧玉 (2) 联系 (3) 名誉 (4) 办理 (5) 数据 (6) 大姨
  (7) 犹豫 (8) 适宜 (9) 刻意 (10) 有趣 (11) 不急 (12) 汲取
  (13) 序曲 (14) 机器 (15) 拘役 (16) 履历

第六课

三、听后写出正确的拼音
  1. 栽培 2. 胚胎 3. 内宅 4. 投考 5. 寿桃
  6. 报酬 7. 跨国 8. 滑落 9. 花托 10. 郊游
  11. 漂流 12. 娇羞 13. 缺裂 14. 血液 15. 铁橛

四、听录音，选出正确答案
  1. 佳节 2. 歇业 3. 解决 4. 郊游 5. 花果
  6. 未来 7. 号手 8. 漂流 9. 黑夜 10. 老少

第七课

四、听录音，选出正确答案
  1. 神圣 2. 行星 3. 影印 4. 品名
  5. 钦敬 6. 精心 7. 显眼 8. 缱绻

五、听后写出正确的拼音

1. 慷慨大方　2. 铭心刻骨　3. 天真烂漫　4. 英勇冲锋
5. 互相尊重　6. 汹涌澎湃　7. 飞黄腾达　8. 余音绕梁
9. 完璧归赵　10. 负荆请罪

第八课

四、选出听到的拼音

等

你怎么不来呢？雪已经（róng）化了，阳光里，流溢着淡淡的（fēnfāng）。门前的路上，我的目光落了一（céng）又一（céng）。时间在（chénzhòng）地（chuǎnxī）。风也没有了（fāngxiāng）。

我实在太累了，坐下读本书吧。可是，别人的故事，怎能（shuān）住我的心？我（yuànhèn）了，难道一缕（wēihán）的风，就能使你（lěngquè）？不是早有（xiānyuē）？（zhǐyuàn）归来的时候，共同写一首春天的（shīpiān）……

五、听后写出正确的拼音

1. 触景生情　2. 蜜蜂嗡嗡　3. 心情舒畅　4. 春意盎然
5. 歌声嘹亮　6. 姹紫嫣红　7. 赏心悦目　8. 身临其境
9. 谦虚谨慎　10. 星火燎原

第九课

五、标出每个字的声调

1. 俗话说，东北三件宝：人参、貂皮和鹿茸角。人参是一种五加科多年生草本植物。

2. 中国实行改革开放以来，大批外商和港、澳、台tái同tóng胞bāo来lái中zhōng国guó大dà陆lù投tóu资zī办bàn企qǐ业yè。

3. "洋yáng快kuài餐cān"已yǐ形xíng成chéng了le一yí套tào完wán整zhěng的de制zhì作zuò、服fú务wù体tǐ系xì，对duì国guó内nèi饮yǐn食shí业yè产chǎn生shēng了le巨jù大dà的de冲chōng击jī。

4. 冷lěng水shuǐ浴yù能néng显xiǎn著zhù增zēng加jiā白bái细xì胞bāo的de数shù量liàng，提tí高gāo免miǎn疫yì力lì；有yǒu效xiào促cù进jìn血xuè液yè稀xī释shì，改gǎi善shàn血xuè液yè循xún环huán和hé质zhì量liàng，防fáng止zhǐ血xuè栓shuān形xíng成chéng。

六、标出下面古诗的声调

乌wū衣yī巷xiàng

朱zhū雀què桥qiáo边biān野yě草cǎo花huā，乌wū衣yī巷xiàng口kǒu夕xī阳yáng斜xié。

旧jiù时shí王wáng谢xiè堂táng前qián燕yàn，飞fēi入rù寻xún常cháng百bǎi姓xìng家jiā。

送sòng杜dù少shào府fǔ之zhī任rèn蜀shǔ川chuān

城chéng阙què辅fǔ三sān秦qín，风fēng烟yān望wàng五wǔ津jīn。

与yǔ君jūn离lí别bié意yì，同tóng是shì宦huàn游yóu人rén。

海hǎi内nèi存cún知zhī己jǐ，天tiān涯yá若ruò比bǐ邻lín。

无wú为wèi在zài歧qí路lù，儿ér女nǚ共gòng沾zhān巾jīn。

第十课

五、听录音，选出正确答案

1. jíyú 2. yùqī 3. dádào 4. xīnshì 5. shēngzhǎng
6. qìyǔ 7. hándòng 8. shēnshì 9. bǐjì 10. zhíbān

11. qìguān　12. jīngshen　13. gǔshí　14. cǎiyī　15. xīyān
16. xiànshí　17. liúshí　18. zhúyī　19. yìndù　20. yǐzhì
21. jìniàn　22. yìjiàn　23. shīyè　24. bǐyí　25. qìshì

第十三课

四、画出文章中的轻声字

我说道："爸爸，你走吧。"他往车外看了看，说："我买几个橘子去，你就在此地，不要走动。"我看那边月台的栅栏外有几个卖东西的等着顾客。走到那边月台，须穿过铁道，须跳下去又爬上去。父亲是一个胖子，走过去自然要费事些。我本来要去的，他不肯，只好让他去。我看见他戴着黑布小帽，穿着黑布大马褂，深青布棉袍，蹒跚地走到铁道边，慢慢探下身去，尚不大难。可是他穿过铁道，要爬上那边月台，就不容易了。